刘｜哲｜作｜品▶

司法的趋势

刘 哲 著

清华大学出版社
北京

图书在版编目（CIP）数据

司法的趋势 / 刘哲著 . —北京：清华大学出版社，2021.7 （2021.11重印）
（刘哲作品）
ISBN 978-7-302-58092-8

Ⅰ . ①司… Ⅱ . ①刘… Ⅲ . ①司法－工作－研究－中国 Ⅳ . ① D926

中国版本图书馆 CIP 数据核字 (2021) 第 084028 号

责任编辑：刘 晶
封面设计：徐 超
版式设计：方加青
责任校对：王荣静
责任印制：杨 艳

出版发行：清华大学出版社
　　　　网　　　址：http://www.tup.com.cn，http://www.wqbook.com
　　　　地　　　址：北京清华大学学研大厦 A 座　　邮　　编：100084
　　　　社 总 机：010-62770175　　　　　　　　邮　　购：010-62786544
　　　　投稿与读者服务：010-62776969，c-service@tup.tsinghua.edu.cn
　　　　质 量 反 馈：010-62772015，zhiliang@tup.tsinghua.edu.cn
印 装 者：三河市东方印刷有限公司
经　　销：全国新华书店
开　　本：145mm×210mm　　　印　　张：9.125　字　数：170 千字
版　　次：2021 年 7 月第 1 版　　印　　次：2021 年 11月第 2 次印刷
定　　价：59.80 元

产品编号：092886-01

作者简介

刘 哲

北京市人民检察院首批入额检察官

曾办理山西溃坝案

设计并组织研发刑事公诉出庭能力培养平台

著有：《检察再出发》《你办的不是案子，而是别人的人生》《法治无禁区》《司法观》《法律职业的选择》《司法的长期主义》

序　言

我们对司法有何期待

很多时候，期待来源于不满。

"挂名办案""机械执法""司法恣意"……这林林总总的现象并不是我们想要的司法现实。我们希望做得更好，因为我们深知背后有巨大的期待；我们深知司法作为原规则对社会规则、社会风气的塑造作用。司法是原规则，它是公序良俗的源头。如果水源被破坏了，那下游怎么办？

作为社会公正的水源地，我们不能辜负公众的期待。

但是源头治理谈何容易？

"司法行政化""程序正义缺位""司法理念僵化保守"……这些深层的顽症痼疾，并非一时之间可以解决。司法责任制、以审判为中心陷入这些泥潭之中就可能裹足不前，或者只是用新瓶装了旧酒。

既然动辄得咎，那还要不要往前走了？

虽然有的时候走两步退三步，但还是要往前走，人性化的司法理想、以人民为中心的司法信念不应动摇。发展中的问题，只有靠新的发展才能解决。停顿和等待并不能解决问题，只能累积形成"司法问题赤字"，最后还要用更大的代价加倍奉还。

所以，我们还要往前走，即使在探路的过程中会遭遇一些挫折。就比如降低羁押率的过程中，有人破坏取保候审规定再次犯罪，这也并不意味着以"非羁码""电子手铐"为代表的降低羁押率的方向就是错的，也不能仅仅因为变更强制措施就猜忌司法官徇私情。

维持高羁押率的现状虽然不会发生上述的问题，也确保了自己的职业安全，但也不会带来司法文明程度的提升。

我们要分清哪些是发展过程中的代价，哪些是制约司法发展的瓶颈。我们不能对未来过于苛责，对现实却无比迁就。

在评估问题的时候，除了显性的申诉控告、举报和复议复核之外，也要看到短期自由刑和羁押措施带来的数十万家庭的破裂和社会关系的撕裂，以及那些本可以改写的人生，甚至由于刑罚污名化带来"株连效应"。

我们可以走得慢一点，但一定要坚定目标和方向。强制措施大幅度降低，刑罚轻缓化就是我们判定的发展方向之一。这是与犯罪结构的变化、重罪比例大幅度下降的趋势，以及社会的文明化程度相吻合的。目前我们的羁押率在七八成，朝这个方向发展下去，你能想象羁押率下降到两三成的样子吗？

我对它充满期待。

我们一直在推动以审判为中心的诉讼制度改革，它也是很多人的司法理想。但是它需要三四个司法基础设施的支持才能跑起来，就像高铁技术一样，需要具备路基、动力、信号等基础工程才能运行起来。

以审判为中心的基础设施包括以认罪认罚提高效率，以羁押率降低确保诉讼权利，以庭审直播普遍化实现审判公开，以去行政化和坚持司法办案责任制实现司法官松绑，以判例法化弥补成文法与社会发展的脱节，等等。这些实现了，以审判为中心才能真的实现。如果法官不敢判无罪，证人出庭也无济于事。而且如果他认为他办的只是一个案子，也就不愿意给自己添这个"麻烦"。

我们之所以还有期待，是因为我们看到了一些小的趋势，一些预示着趋势的趋势。这些趋势有时候很小：比如有点像"健康码"一样的"非羁码"；判决可以援引案例；上诉不加刑的程序问题受到了极大的关注；"法不向不法低头"三次写入高检院报告；"你办的不是案子，而是别人的人生"成为共识；等等。这些现象在二十年前是不可想象的。它们在当下发生应该预示着什么，应该表明已经积累起来一股新的力量，它们预示了一个新的方向。

顺着这些点线下来，似乎可以勾勒出司法未来的轮廓，而且这个轮廓越发清晰。

对此我充满期待。

真要实现这些理想，还是要耗费一些苦工的，甚至要耗费几代人的努力，其中必然也充满了曲折、艰险、汗水与泪水。

司法发展的周期很长，一个弯拐下来，可能就是法律人的大半个人生，就比如那些还不能在本院入额的助理，短期内就还看不到希望。

就像那些还处于羁押状态，将要被处以实刑的嫌疑人，他们的人生和他们家人的人生，短期内也无法改善。更不要说那些没有得到实质化审理而蒙冤入狱的被告人，是不是还要等着"隔代纠错"？

希望是有的，有时候只是太远了。

但是如果我们不向前，那目标就会更远；如果我们不走近，目标更不会自动向我们靠近。更不要说还有很多人对这份理想只是抱着观望的态度，无所谓的态度。

希望不在别的地方，就在我们自己的手中，在每一个法律人的手中。当越来越多的人向司法的理想走去的时候，我们才能累积更大的势能，才能加快目标的实现。如果只是事不关己，那这份理想只能是少数人的重荷。

如果你对司法抱有期待，最好的方式就是投入行动之中。坐而论道，不如起而行之。

不要问你对司法有何期待，司法对你也充满了期待。

刘哲

2021 年 4 月 5 日于西直门

目　　录

第三章　趋势 / *115*

第一章　现实

关于"挂名办案"

随着司法责任制的推进，"挂名办案"这几年越来越受人关注。那么，"挂名办案"到底是什么？

按我个人的理解，"挂名办案"就是以完全不参与或基本不参与的方式将司法业绩据为己有的司法现象。

这并不是新生事物，这种司法现象一直存在。

以前当书记员的时候，师父把卷扔给你，你办好以后，这就算他的一个案子。有些师父完全不管，有些师父稍微管一点，但是都不是实质性的参与，在当时这就是"挂名办案"。

以前的领导很少"挂名办案"，因为不考核，为什么要费这个事儿？

那时候"挂名办案"比较突出的是比赛选手，各院都非常重视这些比赛，为了粉饰自己院选手的业绩，就把很多人的案子都加上这个选手的名字，制造一种办案量很多的效果。实际上，不要说参与，就连挂名了哪些案子，可能这个选手都不知道。

这也是业务比赛经常被诟病的一个原因。大家经常的反应是：其实×××一共也没办过几个案子。当然，这是这个院人尽皆知的秘密，但是上级可能不太清楚，或者也不想知道。

实际上，除了办案系统和审查报告里加了一个名字，提讯笔录和出庭记录中根本没有这个名字，判决上也根本没有提到这个人出庭，一查就查出来了。但是并没有多少人在意这个事。因为成名的比赛选手很少，所以这种事也没有那么普遍。

现在这个现象之所以比较突出、引起关注了，主要是司法责任制闹的。

1.

首先是员额制。有些司法官入额了，有些人没有入额就成了助理，也就是原来能够独立办案，现在不能独立办案了，后者肯定要心理失衡的。尤其是如果配置的员额素质没有那么高的话，没入额的人就会不服气。

还有一些没有司法官身份的新入职的大学生，就从书记员变成了助理，虽然名字好听一点，但是入额之路越来越漫长，他们也会悲观失望。他们认为凭自己的能力在以前早就能够独立办案了，现在却只能"寄人篱下"，才华不能得到施展。

而有些司法官入额之后，工作积极性不高，或者长期从事司法工作，职业倦怠感比较强，不能很实质性地参与工作。这就导致在一部分案件中，存在员额基本不参与办案的情况：陪出庭、陪提讯，只看报告、不实质阅卷，甚至有的人连报告都懒得看了。

这样的师父，原来就有，只不过那时候年轻人忍耐的时间不用太长，两三年就能成为助理检察员或助理审判员开展工作，所以好像没有那么焦虑。而且大学生从校门进入司法机关，总归还是需要一个适应的过程，并且师父多少还是有一些提点的：即使不主动教你，但是你问到他，他也会告诉你一些东西。这些经验在年轻人眼里也是一种学习和收获，因此虽然也是"挂名办案"，但是"被剥削"感没有那么强，反感也就没有那么强。

实行司法责任制之后情况就不一样了，有些司法官助理原来就有独立办案的身份，原来就是可以独当一面的。他们不是刚来的大学生，他们是已经成长起来的一支新锐的力量，有些还很受领导的器重。但就是由于资历、年限等一些硬性条件无法入额，所以心里总是憋着一股气。

事实上，这个时候的助理其实已经没有什么可教他的了，他们已经"出徒"了。而且他们从心里也认为师父没有什么可以教他的了，他们只是由于客观现实，只能在这里委屈着。

所以在办案的时候他们是有一种情绪的，而且在某些方面，司法官在能力上确实不如助理，那助理就更是有点看不上员额了。

那如果这个时候，员额还不愿意干活，有些性格比较强的助理就容易与之产生冲突。

这就会产生"助理这么优秀，要司法官有什么用"的问题。

当然了，自称很优秀的助理，也并不是都那么优秀，也有不少自以为是的。这样的人我也遇见过。

这样的助理往往挑活儿，专找一些轻巧好干的活儿干，或者磨洋工，知道责任在员额那里，自己不用着急。这也导致有些员额天天加班，助理闲着没事儿干的情况出现。但是到计算绩效的时候，这些助理也会将员额的工作都算在自己的名下，因为毕竟是助理啊，也有一个名分啊。这也就有了助理"挂名办案"的现象。

所以，其实"挂名办案"不仅仅是司法官的问题，有些助理也存在不参与办案或者基本不参与办案的情况。

对于这些助理，员额也表示无奈。有些员额就抱怨，现在这些年轻人也不知道怎么了，完全没有上进心，和我们那会儿完全不一样。而且这种现象也是普遍存在的。

当然了，司法责任制毕竟是以司法官为核心的，责任也是以司法官为核心的，但是必须承认，消极怠工的问题，司法官和助理这两方面都存在。

这些助理也有自己的理由，他们会说，工资存在差距，我为什么要干那么多活？我又没挣那么多钱，谁挣钱多谁多干。

如果你反驳说，那领导挣钱多，你怎么不让领导多干点？他一定会说，领导我管不了。

2.

这就引出了另一个问题，就是领导"挂名办案"。其根源也是员额制，因为领导入额了，就要办案，否则连"挂名"也懒得挂了。

有些员额不怎么参与办案，可能是在摆资格。领导倒是可以堂而皇之地挂名办案，比如可以带一个整建制的办案组一起办案，那活儿不就全齐了吗？

同样是"挂名"，领导的"挂名"就很少受到像司法官"挂名"那样的质疑和反对。

也好像没有人闹小情绪，被挂名的人反倒把这当作一种格外的重视和提携。

助理在这个时候，表现得往往分外积极，没有任何消极情绪和负面情绪。也不会说"助理这么优秀，要领导干吗"这些没有分寸的话了。总之，感觉非常的和谐。

当然，领导这时候往往是要挑选最优秀的助理予以协助的。

除了助理不敢质疑领导的权威之外，还有一个原因就是这种"挂名"没有那么日常化，也就是挂也挂不了几个，而司法官的挂名则可能是日常化的。

是不是时间短了可以忍，时间长了就不能忍？其实不是。

观察日常工作，你就知道了。同样是一项工作，如果是司法官来安排，助理就会感觉这是一种负担，或者是帮忙，这种活一旦多了，他就会不耐烦，感觉不平衡。

但如果是部门负责人，或者更高级别的领导，即使安排的工作再多再累，甚至完全是私事，助理也愿意完成，其态度会有一个很明显的变化。

你可以说这种事好像很功利，但却有着基本的层级管理依据，那就是权力只对权力授予者负责。

作为司法官，你给不了助理太多的东西。

但是这些领导不一样，小到日常的请假、评优评先，大到入额、晋升、提拔，都需要领导的同意或举荐。

一个普通的司法官，连助理能不能请一天假都决定不了，你还能决定助理的什么？

所以这里面就有一个同侪效应。

虽然你是司法官，他是助理，你们的地位看起来好像是不平等的，但是在司法行政权力上你俩是平等的，都是普通干部，都要根据领导的指派来干活。请假都要找部门主任，在这一点上，司法官没有任何的优势可言。

所以助理对司法官的不满，看起来是源于能力上的差别，但本质上是源于权力的平等。

如果权力真的有差异，就不可能产生如此日常的不满。

比如助理这么优秀,比员额优秀,甚至比部门负责人都优秀。但是他一般只敢怼员额，不敢怼领导，除非他不想混了。

领导不仅是通过优秀的魅力征服了助理，更是通过让人不得不遵从的权力征服了助理。

在明白这一点之后，他就早已放弃了无谓的抗争。他根本不敢品评领导优秀不优秀、称职不称职，他会变得很顺从。

只有回到办案组的这个小天地，他才会释放真正的自我，从抱怨到撂挑子，可以不那么在意后果。因为他知道这么做也不会有什么后果，只要领导对他仍然认可和赏识，他就会有大的发展空间，他不需要那么在意员额的感受。

3.

但是不管怎么说，我们也必须承认，有些表达出来的不满有其合理性，有些不满只是被压抑的情绪，说明工作的状态不能称心如意。

但是什么时候能够事事称心如意？

虽然现在成长的周期变长了，还有人从能够独立办案"退步"到不能够独立办案了，有一身才华却长期得不到施展……但是我想说，这里还有自我认知和成长路径的问题。

平均五六年、七八年入额的成长周期是有点长了，但这并不是最长的。

在 20 世纪八九十年代，有些单位里干了十年八年的老书记员很多。有些领导想不开，很多年都不提一个助理检察员或助理审判员。我上班那会儿，助理检察员是要竞争的，是有名额限制的，也有好几年上不去的。那时候的书记员还不如现在的司法官助理呢。那时候给师父办案，不就相当于被"挂名办案"吗？

因为你都工作好几年了，也都学得差不多了，师父也没有那么多可以教你的了，但是你独立办案资格的问题，师父干着急也帮你解决不了啊。所以这个时候的"挂名办案"，也可以说是一种信任，而不是占便宜。

虽然师父是占到了一点便宜，但是你实质上获得了独立办案的资格，因为这个案件就是你定的。师父知道，你自己也知道。你的能力得到了实质的认可，而且也有尝试的机会。

我经常说，我遇到的师父都挺信任我的，从第一天到检察院起，我几乎就是"独立"办案的，因为师父不那么管我。当然你可以说，这就是"挂名办案"，师父占便宜了。但是我并没有吃亏，我收获了成长啊，我知道这些案件就是我独立办的，我树立了自信心啊。而且要说署名，我也有份啊，我是书记员，书记员也是承办人之一啊。这就是我的案子，我要对它们负完全的责任。而且那些当事人的命运，事实上就掌握在我的手中。

领导也知道这案子是我独立办的，汇报的时候就让我去。

虽然我只是一个书记员，还没有现在的检察官助理这种好听一点的名分，但那又怎么样？

领导也可以从这种实质"独立"的办案过程中检验我的能力。我也可以从这种实质"独立"办案的过程中收获成长，这种成长没有长到别人身上，它就长在我自己身上。而人就是被工作塑造的，你办的每一个案件都不会被浪费，都会成为你司法能力的一部分，都会融化到你的血液之中。

很多当初我自己实质"独立"办案的感受至今记忆犹新，很多也都成为我写作的灵感和素材。

这些都要感谢当初"挂名办案"的师父们，他们虽然获得了一丝轻松，但实际上是将锻炼的机会留给了我，我收获了成长。

这个难道不是最有意义的吗？

有的时候，我也会觉得在判断力上好像强于师父们了，加上毕竟我接受过系统的法学教育，我知道的法学理论更多，这种感觉就更明显了。但是我从不敢说"我这么优秀，要检察官有什么用"这样的话。因为我知道三人行必有我师，那些司法前辈，虽然在理论上可能不如我，但是在实践中他们身上还是有我值得学习的地方，很多地方我都需要请教他们，在人生阅历上我更是非常欠缺的。

他们虽然干得少一点，但并不等于不值得我们学习。而如果他们也像我一样去打报告，那什么时候才能轮到我来办案？

我的实践经验又从哪里来呢？那些他们所谓"挂名"的东西，对于我们来说就是司法实践的机会。

很多年轻人认识到了这一点，与自己的师父相处得就非常愉快：知道师父年龄大了，自己多干一点，有问题向师父请教；需要协调沟通的，师父帮助协调。相比于那些抱怨和自以为是，我认为这样的进步可能更快一点。

那些暂时屈尊，给别人打下手的年轻人，可能会感到一丝的委屈，以及对前途的焦虑。但是焦虑并不能解决问题，干等着不干活，也不可能获得成长。与其在这里空等，还不如让自己充实起来。

我并不是不反对这种"挂名办案"，"剥削"劳动果实的行为，这的确需要管理方面的细化。我想强调的是，在"挂名办案"的另一面，也有放手和锻炼，也有通过大量司法实践获得的成长，有些培养和指导是无形的，也是无价的。

对于"挂名办案"的认识，也是对成长的一种认识，对自我的一种认识。

程序即惩罚

很多人以为，有了实体的处刑结果才算是惩罚，我却认为程序本身就是惩罚。

只要进入刑事诉讼程序，尤其是被采取强制措施，"污名化"就已经开始了。你以前牢不可破的关系网就会在瞬间破碎，大家会对你敬而远之，比如微信好友开始逐渐被拉黑，甚至亲情也会发生动摇。"大难临头各自飞"的家庭比比皆是，这也是那些不离不弃的故事格外动人的原因。因为趋利避害是人的本能。

事实上，进入刑事诉讼程序，就是一种"害"的开始。虽然司法机关被要求无罪推定，但是社会认知往往采取的是有罪推定。"被查""被抓"就意味着"有事儿"，这是人们的普遍潜意识，很多公众号文章只要以这个为题就可以得到大量转发，好像这就意味着有定论了。

难道不应该是"被判"才算是结论吗？为什么社会舆论就经常这样不审而定呢？

这是因为程序本身就是惩罚，并不需要一定有实体结论。

一个人被抓，被立案，即使后来被判无罪，甚至根本没有被提起公诉，直接做了一个不起诉，你觉得他的生活还能回到从前吗？

他的工作很可能已经没有了，至少被免职了。如果涉事的是企业老板，那企业最宝贵的信誉就很容易崩塌，股票也会大幅度下跌，债主会集中找上门来，想借钱周转资金更会难上加难。

也就是说，即使老板最后被判无罪，企业也可能早早地因为资金链断裂而破产，甚至家庭方面都已经妻离子散了。

工作没有了，企业没有了，信用没有了，家都没有了，剩下的自由还有多少意义？

这也是在提醒司法者，在启动刑事诉讼的时候要非常谨慎，否则诉讼的进行本身就会成为一座大山，会将一个强壮的人压垮。

因为司法者必须谨记，程序即惩罚。

那程序为什么会成为惩罚？

一是高定罪率。一旦进入刑事诉讼就很难逃脱，捕诉的过滤作用没有充分发挥，庭审实质化远没有实现，即使证据不完善的案件，被告人被定罪的可能性也非常高。

二是高羁押率。进入刑事诉讼之后，很有可能就"进去了"，而进去了就很难出来。构罪即捕、凡捕必诉的机械执法理念依然强大。而"进去了"必然就会和社会关系脱节，被羁押本身就意味着通过司法机关信用背书的方式来提高定罪率，自然容易给人一种大局已定的印象。

三是冤错案件的纠错成本极高。公众也清楚这一点，也就是大家即使觉得你是被冤枉的，获得纠错的概率也非常小。

四是程序正当性还没有得到充分尊重。如果犯罪嫌疑人能通过程序获得充分的帮助，就有可能在程序内及时阻止冤错案件的发生，但现实是有很多环节缺少必要的程序规则和普遍关注，有时连司法官都觉得很有可能就是冤案的案件也会一条道走下去，大家都基于自身的利益或便利而不愿意阻拦，或者只是等待下一个人阻拦。甚至有些司法官自己陷入这个窘境的时候，也没有同行设法予以阻拦。

五是敬畏权威的观念。启动刑事追诉的机关都是公权力机关，具有天然的公信力，其威信毋庸置疑。虽然有时也会犯错误，但是总体上还是被信赖的。敢于公然质疑司法机关推进的诉讼程序的人是极少数的，而且实际上也很难实现有效的质疑，更不要说阻止这种程序的进行。

六是社会关系缺少容错机制。我们很难接受一个犯过错误的人，即使他犯错本身就是存疑的。也很少有人能做到宽厚平和，大家总是害怕这些人给自己惹上麻烦，明哲保身是一种普遍的选择。虽然这些人最终没有被定罪和起诉，但还是不能真正摆脱嫌疑。就像理查德·朱维尔一样，虽然被撤销案件，但是侦查人员还是公然说：就是他干的。

还有很多冤错案件的当事人最终因为证据的原因被宣判无罪，但是那些被害人及其家属，却会问一个问题，那就是：不是他，又会是谁呢？很多被害人会一口咬定就是这个被告人所为。

这种质疑不仅仅是来自被害人方面的，很多就是社会心理意义上的，在真凶没有找到之前，或者死者没有归来之前，人们心里的"嫌疑"并没有因为无罪判决而自动解除。

我们为什么会有这种普遍性的有罪推定观念呢？

这是因为程序正义、无罪推定的观念并没有深入人心，人们对实体正义的关心远远超越了对程序正义的追求。也就是说重实体轻程序的观念还相当普遍，对违反程序的危害没有太多的强调，关于法治的基本理念还需要启蒙。

实践中，有罪推定是比较方便的，被抓就意味他是最后的真凶这种理解比较简单。而司法程序比较复杂，司法官有时也不愿意弄清楚，免得麻烦。

司法官也怕麻烦，如果往前走容易，做除罪化处理比较难，那就尽量往前走，只要机械地套用法条就行了，就不用理会别人的人生。这体现的也是一种优越感，好像自己永远处于审理者的角色。殊不知，我们随时都可能成为别人评判的对象。

程序即惩罚既是客观的存在，也有现实的人性在里面，是我们难以逃避的长期现实。

它也在提醒司法者，必须从一开始就要非常谨慎地考量，不仅是要极力避免错误的定罪，也应极力避免错误的追究，应该从诉讼初期就非常的严谨。因为过程本身就会带来伤害。

应该在尽量短的时间解除当事人的讼累。

在不能从根本上避免错误追究的现实情况下，尽最大可能降低审前羁押率，包括降低扣押、冻结的适用率，这些都可以进一步降低程序性惩罚的伤害程度。

我们不仅要避免程序变成惩罚，更要推动程序成为避免不当惩罚的保障。

司法恣意

恣意，就是任性，也就是不加约束的人性。为什么司法恣意会成为一种特定的概念？

那是因为司法权特别依赖人的主观判断。

就像医生看病一样，司法也特别讲究亲历性，并根据亲历性进行裁决。这个裁决往往是主观与客观的结合。虽然司法也有一定的民主化机制，比如陪审制，但是很明显，专业法官在案件的处理上具有很强的主导性。即使合议庭全是法官，但是承办法官，或者审判长的意见往往也是更重要的。

也就是说，事实上的司法远远不是一种集体决策性的机制，它具有很强的个性化特征。

虽然司法官办理案件的依据是法律和证据事实，但就像一百个人心目中有一百个哈姆雷特一样，一百个司法官对一个案件也会有很多不同的看法。

就比如十佳公诉人比赛，同样是一个模拟案卷，但最后的结论肯定是五花八门的（当然，这是一件虚拟的案件，其结论并不会对现实产生影响）。

但这也是司法现实的一个缩影，针对同一件案件，不同司法官的结论肯定不同，甚至大相径庭。所以，同案同判是非常理想化的期望，而且我们所谓的"同案"，也一定有着细微的差异，通过对这些细微差异的不同理解，本来就不同的差异可能就会被放大。

所以，司法裁量是不是进入了一种不可知论，完全成为一种不确定的状态？

那也不是。

为了避免这种主观判断的随意性超出必要的边界，法律才设计了一系列的程序和规则来约束人性。

比如控审分离原则，以此避免裁判者形成控方立场，形成有罪推定。虽然这仍然不能避免主观的有罪推定倾向，但至少剥离了控方立场所在意的利益，这也从规则层面创造了一种中立状态。

再如，公开审理原则，包括审判公开和判决公开，让最终的司法裁决诉诸公论。如果有偏私，那么公众的眼睛是雪亮的，就很容易被发现。而且如果真的有问题，迟早会被发现，也就是用阳光作为防腐剂。正是由于这种威慑效应，使得司法官谨言慎行，将私心私利最大限度地收敛，从而最大限度地实现公正。即使仍然有些判决不能让人满意，那也是视角和理解能力的原因，而不是恣意枉法的问题。

有些案件，虽然也符合公开的规定，但是因为种种原因最终没有公开，不仅给人留下遗憾，也使阳光的防腐剂功能和预防司法恣意的功能没有得到充分的发挥。

还有就是控辩平等，真理是越辩越明的，只有两造充分地发表意见，才会产生博弈效应，让案件可能产生的问题得到最大限度的曝光，从而让裁判者比较容易看清案件的全貌，有利于取舍。如果故意压制控辩的任意一方——不论是控方还是辩方，都会减损案件的信息展示，而在信息掌握不全面的前提下，最终的结论就可能有失偏颇。因此，庭审实质化是有利于发现真相的，而真相挖掘得越深，距离公正也就越近。

目前的问题是，大案子很多时候讲配合，往往会压制辩方的发言时间，但是小案子又有不让公诉人充分表达的问题。这两个方面的压制客观上都是存在的，都不利于预防司法恣意。

更何况人为的压制，生硬的裁决，本身就给人一种任性的外观。

内请制度是另一种形式的恣意。比如上级要求增加一年刑罚；这个案件的量刑我们定不了，得上边决定……定性、法律适用、能不能适用认罪认罚，甚至事实问题很多时候都有请示和指导，而且下级会不打折扣地执行。

这就不是承办法官的司法恣意，而是整体的司法恣意了。不审而定，而且是任性而定。因为根据司法亲历性原则，应该谁审理谁决定，为什么完全没有参加过审理的人，反而还要提出一个必须执行的要求？哪怕来一个"建议"也行啊！这也是权力的任性。

这是一种司法行政管理权代行司法权的任性，也是一种司法恣意，而且是最难以约束的恣意。

显然，它的运行环境不是在司法台面之上的，而是一种后台运行，幕后操作。再完善的诉讼规则和程序也约束不到它，所以也可以说它是藏得最深的司法恣意。

这些种种的司法恣意其实就是司法权中不受规则约束的人性。人性有好的一面，但是一旦不受约束，它恶的一面就无法受到控制。很多时候甚至当局者自己都以为是出于善意，这就是自以为是的恣意。这是一种家长式的司法恣意。

有些恶意是包裹在正义的外衣之下的。正义，多少人假汝之名。这是一种道貌岸然的司法恣意。

还有些恣意只是为了自己图方便，偷个懒，能与法条靠上就行，把自己的活干完就行，不管别人死活。这是一种机械司法的司法恣意。

无论哪一种司法恣意，都是违背了程序和规则的，滥用了自由心证的裁量权。表面上是在适用法律，实际上是在违背法律，是背离立法者初衷的行为。

由于司法恣意与主观裁量之间的主观范围并不易区分，同时由于司法官的专业能力，也使得对规则的违反具有很强的隐蔽性，所以才需要更深层次的判断。

但正是因为其隐蔽性、不易察觉性，以及表面正当性，才不容易预防与纠正，其对司法公信力的危害才更大。

很多时候只有等到小的司法恣意累积为大的司法贪婪，最终被绳之以法，我们才能恍然大悟。而这时，很多问题已经变得盘根错节难以纠正了。

正因此，通过程序提前防范司法恣意应当成为司法界的长期课题。

司法与表态

司法的生命在于审慎。

现代司法的基本特征在于程序的正当性，要通过程序来约束权力、制衡权力，获取正义的过程能够被看见，才会被信服。

这要求不能不告而审，不能控审不分，作为裁判的中立者不能替代控方履行职责。

这就包括审判者不能像控方一样发声，表露立场，否则如何保持一个中立者的姿态进行审理？

这在某种意义上限制了审判机关的言论空间，那这是否违背了一般意义上的常情常理？

确实会憋屈一些，不能如一般社会主体一样地快人快语了。

但这就是职业的代价。

正是因为审慎的言行才让司法机关赢得了不容质疑的权威。

这种审慎就是对正在审理的案件不轻易发表评论，更不要说还没有进入诉讼程序的案件。因为任何的表态都有可能预示着最终的结论，从而让诉讼的博弈变得毫无意义，让侦查和起诉沦为一道手续，让辩护失去意义。

以审判为中心的诉讼制度改革不是让诉讼程序失去意义，而是让它们更加具有实质意义。

为了推进以审判为中心的诉讼制度改革，审前程序的分流工作也在实质地发挥作用，从刑事诉讼的一开始就要讲求证据法则，落实无罪推定原则。

不能构罪即押即捕，凡捕必诉；不能唯结果论；不能将反杀等同于一般意义上的杀人；也不能为了获得死刑结果就不做精神病鉴定；不能不追问犯罪动机和犯罪原因；不能放弃实质化的审理。

不能带着心中已经确定的有罪结论，甚至死刑的结论来审理案件，那绝对不是庭审实质化，也不符合现代法治的基本原则。

但是现代社会又是一个信息快速传播的社会，任何一个案件和事件都会在短时间内引起巨大的舆论关注。不仅是媒体的报道本身，很多媒体还会提前下结论，前些年关于"舆论审判"，已经有不少负面的声音。

我们为什么要反对"舆论审判"？那是因为舆论是对司法结论的提前预设，会影响司法官的独立判断，甚至会绑架司法裁决，以致形成"媒体杀人"的效果。

但是这个影响毕竟是间接的，它只是外围的一种可能性。

不可否认的是现在的确是一个自媒体的时代。

每一个机关几乎都能拥有自己的媒体，不仅是拥有行业报纸的机关，即使没有行业报纸的机关也会有"两微一端"。

凡是媒体就希望抓住热点，就希望获得关注，这往往与司法的谦抑性背道而驰。

这种自有媒体相比于外部媒体来说，对司法可能产生的不正当影响和绑架效应要更厉害。

这种表态虽然及时，却是不够审慎的，因为案件没有经过开庭审理，没有经过举证质证，当事人还没有辩护的机会。这种不审慎的表态极有可能影响未来的司法结论。

这种绑架模式，可能妨碍真相的查清，影响案件的走向和刑罚的裁量。

因此，可以说司法与表态之间存在着矛盾。

既不能让司法机关一定不表态，又必须严格限制表态的案件范围以及表态的方式。

这需要有一定之规，因此有必要建立一套司法机关就个案发表官方意见的管理规则，可以包括：

（1）对于本单位或本行业人员相关的案件，应该慎重发表意见，防止产生先入为主的偏见。相关表态结论，可以作为管辖权回避的请求事由。正因此，最高司法机关应该尽量避免就正在处理的案件发表实质性意见。

（2）审判机关就未决案件发表评论应该受到更多的约束，

评论应该主要限定在对已经作出司法裁决的部分的阐述。检察机关对于自己尚未经手，未得出有效司法结论的案件，也不应进行实质性的评述。

（3）就个案的评论应该坚持最大的审慎性原则。对于未经实质性审查，未得出有效司法结论的案件，不应发表没有根据的意见。因为基于信赖原则，公众会将司法机关自有媒体的报道视为司法结论，应该避免公众产生误判，并避免给司法官独立行使司法权带来不良影响。

（4）个案新闻报道的出台，不仅要经过司法机关新闻部门和主管领导的审核把关，还应该成立专门的司法官联席会议进行评估，从而确保该新闻尺度符合司法机关的司法严谨性。这也是在解决新闻性与司法性的矛盾。在这里，新闻所追求的快与司法所追求的审慎和分寸感是有矛盾的，因此新闻性应当服从于司法性。

（5）特殊案件在特殊时期的特殊处理可能产生导向性作用。对于在疫情期间对妨害传染病防治案件，尤其是其中一些恶性案件的处理进行报道，确实可以发挥一些立竿见影的预防作用。但是一样也应该遵循基本的新闻发布原则。

比如经手性原则：到哪个程序，哪个机关才能发表意见；还没有经手的，一般不易发表意见。就好比，对于刚刚刑拘的嫌疑人，审判机关就不宜发表坚决严判的意见。因为这个案件到最后未必一定会起诉，可能都到不了审判机关，那还怎么严判？

如果就因为法院表态能判，还要严判，检察机关就只能起诉，那就绑架了检察机关独立行使检察权的权力。因为这种特殊案件，会因为案情的展开，包括嫌疑人认罪悔罪的态度不同，甚至疫情的发展情况不同，公众恐慌感的变化，而产生不同的处理结果。也就是一开始未必能准确预测到结果。

即使法院表态要重判，但是法官经过审理，看到了证据之后，也可能发现案件本身与当初的报道存在很大的差异。因为时间仓促，对有些情况的认识带有一定的主观性，也可能是当时偏听偏信了一些情况，但现在剧情反转了。但是当时已经表态了，那最后的结论怎么下？会不会显得难以收场，进退两难？

这也是司法机关不能一上来就把话说得太满的原因，因为新闻与判决毕竟不一样，标准也不一样。

司法的严谨在于其受一系列规则和程序的约束，这是它公信力的来源。新闻当然也要忠实于事实，但是如何忠实于事实，仍然缺少充分的规则和程序，而且新闻的及时性也不容许其遵循司法一般的审慎。因为新闻不具有司法终局性，虽然影响可能很严重，但并不会直接产生具有司法效力的裁决。每一个媒体可以有自己独立的立场，同样的事实可能带来不同的结论，从而众多的独立报道就构成了一种真相博弈，让读者自己去得出结论。

但是司法的结论是唯一的，只此一家别无分号，这个法院审了你的案子，别的法院就审不了你这个案子了，除非是上诉二审。法院之间没有一个真相博弈的机制。所谓真相博弈的机制存在于司法流程的内部，由庭审的程序和诉讼的流程构成，是在这个程序内部的博弈，最终的裁决由特定的司法机关一次性作出，从而产生一个特定的结论。对于这个结论，只有有限的救济途径，比如上诉制度，然后就会带来程序的完结以及刑罚的执行。

新闻则不同，新闻不是最终的定论，新闻报道是不断追寻真相的过程。即使一个媒体得出了一种结论，也不妨碍另一个媒体得出另一种结论，以及其他媒体得出其他更多的结论。

因此新闻是一种开放的博弈机制，司法是一种封闭的博弈机制。

如果本来作为封闭博弈一环的司法机关的自有媒体，也发表了意见，那么其他任何媒体作出的报道也将没有意义了，因为作出这个报道的媒体同时也是负责裁决的司法机关。它的报道就意味着司法结论，而司法结论是一锤定音的。

这正是司法机关不能轻易表态的原因。

司法管理中的行政杠杆

司法管理中的行政杠杆，就是借以撬动某项司法工作的各种行政管理手段，杠杆的力度和强度取决于决策者实现目标的意愿，以及拟推动工作的复杂性和困难程度。

这有点类似于撬动宏观经济的政策手段，比如刺激经济的计划、产业规划以及政绩考核等内容。

不得不承认，从目前来看，司法工作完全放任司法规律自行运作也会出现放任自流的问题，就像市场经济中不能没有政府一样，司法工作仍然需要管理制度。行政化虽然存在问题，但也有其必要性。

就像经济中需要让市场发挥基础的调节作用一样，司法工作也应该让司法规律发挥基础的调节作用，司法管理不能替代司法规律完成基础的司法工作，这与政府不能代替市场发挥基础的调节作用是一样的道理。

司法管理也有一些手段，包括通报、考核、排名、命令、指标、督查、问责以及人事调动，等等。

这些手段的综合运用可以在一定时期、一定地区促进某一项工作效果的短期提升，但是不能持久。这与经济发展是一样的道理，也就是仅仅靠行政命令是无法实现经济长期繁荣发展的。司法也一样，法治文明的长期发展不是仅靠司法行政杠杆就能够实现的。这一定是一个长期的过程，就像政府是守夜人一样，有时候司法行政权也是司法工作的守夜人。

这么说主要是基于这三个方面的原因：

一是边际递减。所有手段力度加到最大，但还是感觉见效不够快，这个时候再加杠杆就会失灵。这就是一种边际递减效应，当提升到一定水平之后，再进一步提升，所要耗费的行政成本是十分巨大的，可能是司法系统承受不起的。

这就像开车，油门踩到底，也就达到发动机的功能极限了，速度再想上去几乎不可能了。而且维持在杠杆最大化的状态本身也是十分耗油的，同时还会给车辆带来发动机过热等一系列潜在的风险。

二是动作变形。运动员在压力过大的时候容易动作变形，最典型的就是罚点球。本来训练的时候都可以轻松完成，但是在赛场的巨大压力下就会发挥失常，就容易射偏球门，这是压力带来的结果。

在行政管理过程中，如果压力过大，就容易"捞偏门"。如果在正常情况下是完不成任务的，但完不成任务的后果过于严重，那就可能投机取巧，想一些歪招，试图蒙混过关。如果直接上级为了完成任务，也睁一只眼闭一只眼，那就可能形成累积型的偏误，这就形成了"放卫星"效应。

看起来很好，但是只需一质疑一分析，就会发现一定是不符合逻辑的，那就是一定是哪存在问题。如果不仔细分析，只顾面上好看，就意味着放任风险持续累积，就会形成"司法政绩泡沫"，从而最终酿成司法运行危机。这与金融风险的累积是一个道理，遵循着相似的数学逻辑。

所以杠杆可以有，但是绝对不能加太大、太强，要考虑真实的司法承受力。

三是注意力转移。司法杠杆虽然一时非常猛烈，热火朝天地忙着一个工程项目，好像要毕其功于一役，好像就干这一件事了。殊不知，随着人事变动以及种种其他原因，领导层的注意力随时可能发生转移，原来巨大的行政杠杆，突然之间就可能发生抽离。原来的大项目可能就下马了，这就会造成一些烂尾工程。

这还不是最可怕的，最可怕的是行政杠杆有可能发生突然逆转。原来向前的，现在突然向后了；原来踩油门的，现在踩刹车了。这就使得执行者很容易被政策的变化闪到：原来的努力都变成了问题；原来的问题都变成了成绩。这谁又能想到呢？

其实可以想到，也应该想到。而且也不是所有的问题都会变成成绩，也不是所有的成绩都会变成问题，这里有司法规律在发挥基础的作用。这就要看你当初的努力，是不是符合司法规律。就像你生产的产品是不是符合市场的需求，你的企业是不是符合市场发展的需要，这才最终决定了你能不能被淘汰，最终决定你命运的，仍然是市场，而不是政策。

就像决定一个案件是不是有问题的，那一定还是：结果是不是公正，程序是不是合法。决定一名司法官、一个司法单位是否合格甚至优秀的，也一定是办案质量和效果，而不是一时的政策评价。

因为行政杠杆的三个特征决定了它有着很大的局限性，它有一定的作用，但不是万能的，它很难持久。真正持久的，还是引导司法官产生内生性动力的规律。这就像通过按劳分配调动生产者的积极性一样。

同时，在大规模使用行政杠杆的时候一定要把握一个度，避免引发负面效应，或者付出过大的行政代价。所谓过大的行政代价，最终一定是司法代价，这些代价将会损害长久的司法公信力，这个损失是短期收益所无法弥补的。就像金融危机，虽然短期股市飘红，但是最终都会跌回去，甚至有些企业会破产，经济将陷入长期低迷。

最重要的就是，在全力以赴加大行政杠杆的时候，一定要看看用力的方向是不是背离了司法规律的方向，如果有这样的风险，那用力的时候一定要悠着点，因为一旦注意力发生转移，行政杠杆倒转的时候，就可能连人带马陷进去。

从历史上看，这个杠杆调整的规律基本是以波浪型的态势出现的。当我们在海浪之中，不容易看清方向，很多时候是身不由己的，很多人也是随波逐流的。这就很容易在潮起潮落中被淹没，只有那些了解历史发展趋势的人，才能勇立潮头。

　　就像巴菲特说的，只有退潮的时候才知道谁在裸泳。司法的潮流也一样。

如何发挥视频证据的还原力

随着监控设备的普及，视频证据成了一种常见的证据种类。

由于视频证据比较客观，能够真实再现复杂现场，在人员众多，时间短暂，以及记忆模糊的情况下，对案件事实有着极强的还原能力，很多时候都发挥着定案的关键作用。

但是视频证据也有自身的局限，大致是：清晰度局限、视角局限、光线局限，以及缺少音频信息。这主要是因为视频证据往往是监控录像，很多是固定机位，视角有局限，有时距离比较远，虽然拍到了，但是看不清楚。很多时候还是晚上，分辨率更低，而且一般都没有声音采集功能，所以都是默片。视频里面的人说什么其他人是不知道的，只能看到动作。

再加上，有些案发时间比较久的案件，当时的监控设备也比较原始，这就更加影响了视频证据的质量。

很多人就因此放弃了对视频证据的审查，从而更多地相信言辞证据。证人虽然未必会说谎，但是记忆模糊、记忆错误也会影响言辞证据的准确性,可能将事实认定引入歧途,形成误判。

此时,如果辩方认真审查视频证据,就可能获得更加有利的、具有客观性的证据,从而形成证据优势,这是需要引起高度重视的。

本文就是想谈谈如何充分发挥视频证据还原力。

1. 排除法

对于模糊的证据,我往往会反复观看,甚至五十遍一百遍地观看。从而观察到一些不容易察觉的细节,比如一些身体特征、穿着特征、人物关系、肢体动作等,并通过与言辞证据相互印证的方式,将最容易分辨的人物先识别出来。

然后对那些关键的,但不容易分辨的人,反复地确认,最终确认目标人物身份。

继而在心里标示出这个目标人物,再按照已经确认的身份特征,完整观看数遍,从而确认目标人物的完整动作,甚至动作的细节。

这个方法往往在现场处于画面远端、夜间,以及画面模糊等情况下特别管用。

尤其是在斗殴或者人数较多的环境下发生的伤害案件中,特别常用。

2. 静止法

在对画面人物的识别上，有时我也会采用辨认的方式，让证人或同案犯在画面中辨认目标人物。常规的方式是做一个辨认笔录，记录哪一分哪一秒，左上角第几个人是嫌疑人，等等。

这样看起来已经足够详细了，好像没什么问题了。而相信这个辨认笔录没问题的人，往往也不会再认真审查一下视频，看看那一秒钟的画面中能否在描述的地方找到这个嫌疑人。

如果我们没有再核实一下，那么这个问题就永远也不会被发现。

这个问题就是，一秒钟的动态画面会动好多帧，人物的位置甚至可能发生几次变化，由于这个变化，你那个看起来非常精细的辨认笔录就会变得毫无意义。

因为你说的那个位置上在这一秒钟更换了好几个人，甚至整个的排列结构都在不断地变化，那还怎么确定？

这是因为视频的一秒钟往往是由 24 或 25 帧画面组成的。所以，视频的基本单位从来不是秒，而是那一帧画面。

秒，这个时间单位中的基本单位，在视频证据中会成为一个时间段，是固定不了证据的。

因此,对于视频证据的辨认一定要在辨认人确定好画面后，将这个画面截屏打印出来，然后在目标人物上圈画确认，签名，这才能叫固定了证据。

所以固定证据就是固定到这个证据不会再发生变化和变动为止，才叫做固定。

很多人往往认为放大才是让视频证据看得更清楚的方式，其实让动态的画面静止才是通用的方式。

这对那些瞬间发生的案件也很有帮助，比如交通肇事案件，那个撞击的瞬间往往发生在不到一秒钟的时间内，即使放慢也很难看清楚。这个时候一帧一帧过这个画面，你就会看到情况到底在哪一帧发生了变化，尤其是摄像头距离比较远，不太容易看清的情况下，这种方法尤其有意义。

即使看不清身体的接触，至少可以从车灯的突然熄灭，判断出身体与车体接触的时间点，再从车灯的恢复判断身体的正面接触已经结束，实际上就意味着撞击的结束。这两个车灯变化之间的时间范围就是所谓的撞击瞬间，从而为证据的进一步详细审查缩小了范围。

3. 描述法

无论排除法还是静止法，都不是单一的审查方法，而是包括了大量的分析、推理和判断，以及对其他证据的判断。

这些方法就决定了，如果你把这个证据原样呈现在法庭上，大家根本看不到什么。

一个远端的、夜间的、多人的监控录像，法庭和观众都看不出来有什么。

这就需要检察官在法庭对画面进行描述——不是分析，而是用一种画面感的语言，将你经过分析的、已经确定的事实过程，充分地、细致地、确定地描述出来，从而在人们的心目中建立画面感。

将那些模糊的、混杂的、转瞬即逝的画面按照你的描述自行脑补，从而进入一种集体的心流状态，就像集体看一场 3D 电影一样，生成这种具体的画面印象。

当然必须强调，这个描述并不是杜撰或者编造的，它一定是建立在你反复地观看、核实、确认的基础之上的，是符合逻辑的、流畅的，也是可信的。

只有这样，这个具有局限性的视频证据才能真正实现还原事实的目的，发挥它应有的作用。

审查报告模板的演化

近来，统一办案系统上线了捕诉一体版的审查报告模板，这是一套模板，分别是《×××案审查报告（适用捕诉一体案件）》《×××案审查报告（适用非羁押直诉案件）》《×××案审查报告（适用速裁程序／认罪认罚简易程序案件）》。有一些外地同事问起了关于这套模板的问题。

这套模板的初稿是北京提供的，我们在 2020 年就先行先试了，我也参与了起草和设计工作，正好了解一些情况，在这里就谈一谈关于这套模板的思考。

1. 审查报告模板的意义

我不止一次批评过审查报告的功能，认为它是司法行政化的产物，是审批制的产物。我主张要抬起头看路，要以庭审为中心重构公诉工作的模式，避免审查报告的中心主义。

但是从现实来看，审批制还将长期存在，审查报告的审批功能依然存在，但肯定会逐渐抓大放小的，这也是司法办案责任制的趋势。这就导致对于案件来说，肯定不是件件审批，也就意味着审查报告作为审批基础的功能在发生一些分化。

除了审批，审查报告还承载了对案件的审查和思考载体的功能。尤其是复杂案件，证据庞杂、法律问题繁多，光凭脑子是记不住的。这就需要通过一个载体将证据梳理出来，将事实提炼出来，把法律问题分析出来。这个载体相当于一个案件的思考簿，或者类似于思维导图。

这个载体还承载着对案件的分析定性功能，引导侦查机关补充完善证据，也就是服务于案件的最终处理。它也方便举证质证，能够提炼起诉书和出庭意见书的核心，也就是服务出庭的功能；甚至它还有利于发现案件的诉讼监督线索，具有协助司法官提出社会综合治理建议等延伸性功能。

这也是很多人将办案子当作打报告的原因，虽然这种理解有简单化之嫌。

正因此，即使在庭审实质化的背景下，审查报告也仍然具有非常重要的作用，虽然不能说是唯一的中心，至少也应该与出庭工作一起，呈现出一种双中心的地位，而且更基础，更容易上手。

刚参加工作的年轻人，都是从学习打审查报告开始学习如何办案的。

所以，审查报告也有办案习惯养成的功能，你从一个检察官的审查报告就可以看到他的风格和功底。当然，十佳公诉人比赛也主要考这个，领导对承办人的了解很多时候也是通过这个，因此审查报告又与能力培养和人才发现有关。

最重要的是，审查报告与职能变化、工作要求息息相关，如果不能从审查报告这个层面落实这些要求，那这些改革就相当于没有落地，质效也不可能显现，因此审查报告也相当于改革的最后一公里。

正因此，审查报告的模板才显得如此重要，它相当于检察产品的规格要求和品控体系。它有点像办案的说明书，让年轻人更容易上手，让马虎的人避免遗漏，让所有检察官可以在一个基本的框架下思考案件，也有利于司法工作的规范和统一。

2. 审查报告模板的演化

这几年，随着一系列改革的推进，我们也做了审查报告的版本迭代工作。大致来说，目前统一办案系统这一版相当于第三代。

第一代，做减法。

这主要是在推进速裁程序和认罪认罚试点的过程中产生的，也有推进司法办案责任制的作用。

这里面也有我对审查报告的反思，我当时写过《去审查报告化与去行政化》，就是在反思在司法办案责任制背景下，去除了审批制的审查报告到底有什么用。尤其是速裁程序试点，要求大幅度提高效率，而且都是非常简单的案件，又赶上危险驾驶入刑。很多时候我们都在思考审查报告到底有没有用。

当时，有些基层院已经自发地搞起了审查报告表格化。但我就想步子能不能更大一点，干脆不写算了。而且像危险驾驶这种案件，一共就没有几个证据，出庭的时候还不用出示证据，电子卷宗也扫描了，审查报告的记载功能也用不上了，出示证据的功能也用不上了。伴随着司法责任制改革，这些案件也不再进行审批了。这个时候审查报告的意义就没有那么大了，部分功能可以由起诉书替代了。

尤其是速裁程序，包括认罪认罚，还要签订具结书、提出量刑建议，给承办人增加了很多负担，如果没有任何减负对冲，那大家是没有任何积极性的。

在这个背景下，就在一个工作要求中明确提出了在一定条件下，可以不写审查报告，比如1年以下的速裁，1～3年的可以表格化，也可以不写。一线的承办人，尤其是检察官助理是极为欢迎的，据说能够减少20%的工作量。

说起来容易，做起来难。去审查报告化会与现行的一些管理体制产生冲突，必须得到相关部门的理解与支持。比如档案部门有归档要求，你要是没有审查报告，归不了档，那谁承担责任？后来经过几次联系，也得到了理解，因为审查报告毕竟不是法律文书，而是内部工作文书，并没有硬性规定必须要有。

但是统一办案系统不一定同意，没有审查报告你就跳不过节点，进行不下去。这就要与案管部门沟通，最后也得到了理解，那就是可以在系统中审查报告这个自动生成的模板中，写上这么几个字来代替："详见审查起诉书"。

这些工作之所以能够做通也是有"认罪认罚"改革试点政策的原因，因为试点工作就要求要对文书流程进行适当简化，我们这不就是适当简化，落实改革要求吗？同时，我们还允许所有的认罪认罚案件都不用撰写三纲一词，这又是进一步的简化。

这些改革是需要先行先试的，当时就鼓励了一个基层院先做一下"去审查报告化"的示范，看看效果，看看能不能真的得到各个管理部门的理解和认可。后来发现效果很好，大家的积极性也很高。一旦尝试了，就再也不愿意退回到原来的状态了。

后来就在全市逐渐推开，而且我们在调研中也发现，越是"去审查报告化"做得好的，认罪认罚工作往往做得越好，因为大家是真心拥护，而且只有办速裁案件，实现认罪认罚，才能享受"去审查报告化"的制度红利。别的不说，就为了这个红利，大家也愿意开展认罪认罚工作。

"去审查报告化"落实得不好的，认罪认罚往往也落实得不好。因为你不能只给加负，不给减负，这样大家的积极性就调动不起来，就成了行政命令强推。这些院的领导往往比较保守，老是质疑，不写审查报告行吗？我们说也不是强迫不写或者必须不写，而是可以不写；认为有必要写的，承办人自然会写。对于那些特别简单的案件，我们就是允许承办人不写，给承办人一个选择的权利，也是一个减负的权利。我们的建议是将腾出来的精力放在那些复杂的案件上去，放在出庭工作和诉讼监督工作中，这也是繁简分流。

当然，在这个阶段我们主要还是做减法，还没有来得及做加法。

当时，这个报告其实不算是模板，而是有条件的不写，设定条件，实际上是在去模板化。当然表格化也算是一种模板，只是当时还没有统一。

第二代，多样化。

随着认罪认罚范围的扩大，"去审查报告化"简单地做减法已经不能满足现实需要了，还需要建立"多层次"的繁减分流体系。

除了减法，我们也开始做加法，也就是该繁的要繁，要把一些实质化审查的要求，如强化诉讼监督、强化出庭准备、强化起诉裁量的要求导入审查报告之中，这样可以让承办人不至于漏项。对于那些不认罪的普通程序案件，就是要适用这种最复杂的审查报告模板。

然后再根据犯罪的严重程度、认罪认罚、速裁等几个维度做了五六个模板。当然，我们没有改变"去审查报告化"的基本简化思路，只是将繁简分流以层次化。甚至对于拟做不起诉的案件都做了一个审查报告模板。

单单表格化的审查报告，根据常见罪名，就做了好几个模板，就是让办案人员拿过来直接套就好。

这一版的迭代是过渡时期的产物，虽然考虑了繁简分流的多层次性，也考虑了复杂审查报告的最高要求，但还是有一点烦琐。

而且一旦过于精细化地区分，就会缺少必要的弹性，不利于发挥能动性，也容易造成选择困难。

任何事物的发展都需要经历一个过程，这是一种必要的尝试。而且有了实践之后我们才知道保留哪几款最为有用的模板会使用户选择起来更容易。

第三代，经典化。

经过前两次的迭代，我们积累了必要的经验。

捕诉一体之后，又带来了一个更大的需求。以前我们都是只管公诉的审查报告，现在捕诉一体了，也需要一体化地规范了。

主要有两个问题摆在面前：一是有没有必要一体化；二是审查逮捕意见书有没有必要一并简化。

答案都是肯定的。

那就是既然审查报告是办案的思考簿，而捕和诉不能放在一张思考簿上来思考，不能从思维上实现一体，那如何能够实现真正的捕诉一体？

两个审查报告还会造成极大的浪费，因为审查逮捕意见书与审查报告在格式上有很大的不同，有些基础性的内容还要来回调整格式，非常烦琐。

写两个审查报告，就相当于把一个案子办两遍，既浪费了时间，又无法将其中一些关联性的信息有效地联系起来。比如捕后继续侦查的建议与捕后收集证据的情况缺少对比，捕后诉前这个空白地带，如果有一些情况，或者随时调取的信息，包括在延长侦查羁押期限内掌握的情况，就无从记载。

从目前来看，捕后诉前这长达数月的空白地带是最大的程序空转地带，是最浪费诉讼时间的，也是最关键的。有很多证据在这个时间如果没有及时调取，以后再退补延期也解决不了问题。实践中，为了能够尽量地解决问题，又不得不再行退补延期，这就极大地制约了案件质效。

所以审查报告必须实现捕诉报告一体化。我还建议过统一办案系统的流程，实现捕诉的一体化，一个案号、一个流程、一个报告、一次归档。目前流程上恐怕短期内很难实现，但报告已经实现了一体化，案号也有望实现一体化，从而归档一体化也就有希望了。

这些具体的一体化的实现，才是捕诉一体化改革真正落地的过程，它是在人的思维这个层次上实现落地。

既然是捕诉报告一体化，那当然是共进退的，要简化也要一体化地简化。

审查逮捕意见书的简化与公诉审查报告的简化，还是有所区别的，并不适合都搞没了。这个观点我以前也表达过。

因为公诉环节，除了审查报告，还有起诉书，起诉书上还有事实和意见，甚至有量刑的建议。但是批捕环节，如果没有审查逮捕意见书，那就什么都没有了，因为批捕决定书是非常格式化的，它完全不记载内容，连事实是如何认定的都没有。

因此，在捕诉一体之后的简化就不能是"去"一个字那么简单了，就要依托表格化，让它有个框架，有一个写事实和意见的地方。这个事实，如果捕后没有改变，在起诉阶段也就没有必要重新写，写一次就可以了。

证据从头到尾都不用摘录，当然这也仅限于速裁案件。因为原来的待遇是可以不写，这个待遇需要尽量保留。

我们看到系统上有《×××案审查报告（适用捕诉一体案件）》《×××案审查报告（适用非羁押直诉案件）》《×××案审查报告（适用速裁程序/认罪认罚简易程序案件）》三个模板，好像只有第一个模板标注了"捕诉一体"四个字，就以为只有一个捕诉一体的报告模板，所有的捕诉一体的案件也不管复杂不复杂都用这个来写那就错了。

事实上，《×××案审查报告（适用速裁程序/认罪认罚简易程序案件）》也是"捕诉一体"版的审查报告，无论在事实部分还是认定意见部分，都写了"捕诉一体"的内容，这其实是一个简化版的"捕诉一体"报告模板，仅限于适用速裁程序和认罪认罚简易程序这两类案件。

据我估算，鉴于目前认罪认罚的普及度，仅这份报告的适用范围大概占全部案件的 60% ~ 70%。

所以不要小看了这个表格化的小报告模板，它才是这一套审查报告中最常用的、最有价值的模板。

如果你仅看到"捕诉一体"四个字就奔着那个最复杂的报告去了，那就大错特错了。而且这也不利于繁简分流，这个简化版与复杂版的烦琐程度的差距，不就是对认罪认罚的制度性激励吗？在选择审查报告的时候，一定不要忘记这一点。

这一代的审查报告模板之所以设计为一套三款，也算是总结之前经验的结果，算是化繁就简的产物。但是又不能忽视繁简分流，你可以将第一份报告和第三份报告看作繁简分流的两极。

对于那些不认罪的案件，由于产生冤错案件的可能性更大，就需要特别认真地审查，所以搞细一点很有必要。而对那些虽然认罪认罚，但还适用普通程序审理的，往往都是无期、死刑的案件，虽然复杂性降低了，但由于它的严重性，也有必要予以慎重对待，这也是死刑案件证据规定等文件的特别要求，对这些案件应该适当提高证据的标准。

对于简单的案件，就是那些速裁程序、认罪认罚简易程序案件，那这个简也要简到位，目的就是产生一种内在激励，简单点这个待遇并不是白得的。

中间这款报告，其实就是公诉案件的审查报告，只是在格式上体现了一些新要求而已。

所以总结之前的经验教训，才有了三款相对经典的审查报告模板，虽然只有两款是捕诉一体的，但从整体上都是依据捕诉一体的要求进行划分的。捕诉一体的要求，是只要经历过逮捕环节，就要适用捕诉一体版的审查报告，无论是复杂版还是简单版，因为这其中的审查过程要一并留痕。

只有那些从来没有报捕的案件，才能使用这个中间款，这样一来，第一款和第三款审查报告就是最需要研究和关注的。

审查报告的简化逻辑

这篇文章里，我想重点讲讲审查报告如何简化。我认为《×××案审查报告（适用捕诉一体案件）》《×××案审查报告（适用非羁押直诉案件）》《×××案审查报告（适用速裁程序/认罪认罚简易程序案件）》这三个模板是一个整体，我会在整体的框架下来讲，会用第一款、第二款、第三款分别代称这三款审查报告。

我把这三款审查报告作为一个整体来讲，既讲个性的问题，也讲共性的问题。这三款报告体现了我们对捕诉一体工作的基本理解和认知，因此也是不可分离的。为什么这样讲呢？更加详细的内容，大家可以看前一篇文章。

大家吐槽最多的是第一款，之前也讲过了，因为这一款的适用量相对较少，即使烦琐一点也不是十分要紧。虽然看起来烦琐了，但它是把两个报告合在一起了，还是会减少一些重复的工作量的，因此还是一种节约。对于它的不适应，主要的原因其实是它打破了既往的舒适区。

我更想讲的是第三款审查报告，因为它才是使用最多的那个模板。如果原来的审查报告是不加区分的一样的粗细，那现在这三款审查报告，就是有粗有细的。通过对认罪认罚案件工作量的大幅度简化来提升工作效率，从而将更多的精力转移到复杂疑难案件当中。这种慎重性也必然在第一款审查报告模板的精细化程度上有所体现，它的精细化和复杂性是庭审实质化所带来的审查实质化的必然要求。

我认为应该优先选择第三款审查报告。

这三款审查报告摆在你面前，你会选择哪一种？

很多人会说，我要根据实际情况来决定。还有不少人说，我看到第一款审查报告上写了"捕诉一体"四个字，考虑到我们现在办的案件大多数都是捕诉一体的了，再加上这个模板被排到了第一款，那我当然要先选择这一款了，这还有什么疑问吗？

在选择上，难道不应该是先第一，不行再第二，实在不行再第三这个选择顺序吗？

但在这三款审查报告之间，并不是这样的顺序。

这个顺序选择也体现了一种思维定式，那就是按照自然顺序选择，或者先适用复杂的，复杂的更安全。或者望文生义，看到"捕诉一体"就以为只有这个是捕诉一体的，其他不是捕诉一体了。

不可否认，这也有模板命名的问题。事实上，在先行试用的时候，我们是将这三款报告统称为"捕诉一体"版审查报告的，第二款算作一种特殊形态，算是捕诉一体的一种例外形式。第一款和第三款算是一般形态，这两款之间就是繁和简的关系。全都是捕诉一体框架下的审查报告，所以不要以为哪一个和捕诉一体有关，其他的没关，只要选择繁和简就够了。

根据一般趋利避害的本能，自然是选择"简化版"的人多，选择"复杂"版的人少。"复杂"有两层意思，一层意思是更加规范、全面体现新的工作要求；另一层意思也是让大家知难而退。尽量去做教育转化工作，把认罪认罚做好就可以享受到审查报告简化的益处。

如果你偷懒不做认罪认罚，那审查报告就要复杂一点，这样就让"偷懒"的行为"偷"不到实质的利益，从而形成一种致力于认罪认罚工作的内生性动力。

当然了，如果有些案件做了认罪认罚工作，但还是做不下来，那就说明这些案件不简单，证据上可能真的有问题，那就更不应该掉以轻心，就更应该全面地进行审查。这个时候，"复杂"也就成了一种必要。

因此，简化既是一种激励，也是一种对案件难度系数的分流，适用第三款模板的案件，自然是难度系数比较低的。

比如速裁程序案件，显然是轻罪案件，而且事实往往比较简单。还有认罪认罚的简易程序案件,这个刑期上可能会高一些,也都还是有期徒刑,但是因为认罪认罚了,案件的不确定性相对较低,证据事实的压力较小。

1. 事实与证据

基于这些特点,第三款审查报告中的事实和证据部分就有了极大的简化。

速裁程序案件是可以完全省略掉证据部分的,只写认定的事实就可以了,而且捕后事实没有变化的,就用这一个事实就行了,也不用重新写了。

即使是认罪认罚的简易程序案件还要写证据,也完全不用摘录证据,只写证明的内容就可以了,从而免去了证据摘录之苦。当然了,因为有电子卷宗在,案件报告的记录功能本身也弱化了。

现在的情况是,就算要证明内容,也不用每个证据都写一下,对于客观证据可以合并书写,同一证明事项的客观证据可分组写明共同证明的内容。

这也符合简易程序的举证方式。根据最高法的司法解释,对控辩双方无异议的证据,可以仅就证据的名称及所证明的事项作出说明;对控辩双方有异议,或者法庭认为有必要调查核实的证据,应当出示,并进行质证。

那就意味着，这种只有证明内容的证据表述方式可以应付大多数庭审情况。

对于那些可能有争议的证据，我们也会有一个大致的预判，因此在写证明内容的时候要相对详细一些，对可能出现的问题也可以提前注明，同时标注页码。

对于卷宗比较多的简易程序案件，尽量在叙写证明内容的同时标注一下页码，这样虽然略有烦琐，也好过在法庭上发生不确定的争议时找不到卷。

这就涉及一个问题，那就是简化到什么程度为好。

结论就是简化到你能把握得住为好，对于特别简单的案件，不管是刑期重一点还是轻一点，因为证据比较少，事实比较简单，即使不写页码，也能够很快翻找证据。这种情况下，加不加页码都无所谓。而且模板本身也没有要求加。

证明内容也不用过度复杂，只要能够满足举证需要，能够让人看清楚证据的脉络和归因逻辑就可以了。

那些事实相对复杂的案件，虽然刑期可能不高，即使是走认罪认罚简易程序，即使是表格化的审查报告，即使不用摘录证据，也应该将证明内容的细节点展露清楚。

因为第三款审查报告，虽然是为了简化，但是由于它的跨度比较大，适用面比较广，也并不是一刀切地尽量"去审查报告化"，而是在一个尽量简化的框架下，允许承办人根据案件难度系数，自己把握审查报告的简化程度。

也就是说简化程度应该服务于案件的办理难度，简化程度应该与案件的复杂程度相匹配，否则就会过度简化，导致看不明白案件，出庭的时候说不清楚。

要知道，我们精简的主要是案件证据摘录这种机械性的重复劳动部分。那些创造性的劳动部分，诸如分析、归纳、权衡、判断的部分，是不能过度简化的。而且这些内容所占的篇幅并不多，即使简化也简化不了多少。

相比于证据来说，事实部分更显精华，因为它是整个案件的缩影。关于事实，我之前写过几篇文章，在这里就不展开了。

事实部分与证据一样也是与复杂性相互匹配的。这里面的简化主要是通过继承性予以体现，那就是批捕阶段的认定，审查起诉阶段没有变化的就不用重复叙写了。

这就意味着对于很多案件来说，在审查逮捕阶段可以将事实一次性搞定，这样就让审查逮捕阶段的事实和证据审查变得更加有价值。

从客观上来讲，捕后证据相对较少，对于认罪认罚案件而言更是如此，事实发生变化的概率并不大。

之前，我们在审查逮捕意见书上写的事实和证据都太简单了，总想着到审查起诉阶段再写一遍。这样看起来，好像审查逮捕阶段占到便宜了，但是前面写一份简单的，后面还要再写一份复杂的，肯定没有只写一份复杂的节约时间。

而且这本身就是一个报告了，批捕阶段把事实写得尽量详细（如果需要写证据的把证明事项也写到位），那这个报告在审查起诉阶段几乎就不用怎么改了，就可以直接提起公诉了，这样岂不是更省事？

通过这种一体化的设计，鼓励你在审查逮捕阶段把事实和证据搞细，从而也更有利于及时发现细节问题，及时要求公安补正、补强，也可以保证审查起诉阶段证据的充分性。即使由于后续证据的调取，对事实的细节有一些微调，在证据描述部分需要补充一些内容，也肯定无须再搞过多的退补延期，这样就可以在最短的时间内提起公诉。

因为补充事实的细节，补充捕后的证据所消耗的工作量，要远远小于重新写一份审查报告。

这是通过略微烦琐的方式实现最大限度的简化，使之前的付出可以接续，之前的审查成果可延续，前期的努力有利于推动后期的精简，这是通过一体化的方式实现了结构性的简化。

2. 处理意见

这个处理意见包括分析意见、量刑建议、需要说明的问题、诉讼监督和审查意见等内容。

之所以把这些放在一起，是因为它们都是一种结论性的判断。

这些意见突出的特点表现为三点：

一是焦点集中，没有像第一款审查报告那样要求那么多角度。这与第一款报告一对比就知道了。

二是可继承，批捕阶段写的意见，审查起诉阶段可以最大限度地继承，无须重复写了。比如证据整体分析部分，如果没有大的变化也不用因为到了审查起诉阶段就重写一遍，证据还是那些证据，重写一遍没有必要。法律适用这些都一样。也就是如果审查逮捕阶段分析得好，那这个报告就可以基本不动。因此，在分析意见等环节，根本没有区分审查逮捕阶段的意见和审查起诉阶段的意见，就是在审查起诉阶段接着写就是了。

甚至于量刑意见部分，也不是一定要等到审查起诉阶段再写，因为一些法定情节、酌定情节，在审查逮捕阶段也掌握了，那就先记下来。等到审查起诉阶段再分析一些量刑建议，做一个预判就可以了。

三是勾选项或填充式。

对于需要说明的问题,第三款的模板已经设计了一些选项,只要勾选就可以了。审查意见也是一种填充式的方式。

根据审查意见的预填充的内容，也包含了不起诉决定和不起诉类别。这就表明，即使案件最后的结论是不起诉，也不需要将案件审查报告的类型转为复杂版。

一般来说，只要签订具结书，只要不是普通程序的案件，就都可以适用简化版的审查报告，不管这个案件最后是否被起诉。

3. 基本情况

基本情况的简化量一定要与第一款审查报告的烦琐程度相对比，办案人员才能够有所体会。当然，第一款报告的目的也在于全面规范，这个环节要比我们当时的试用版复杂了不少，应该说自有它的道理。

一方面，有利于规范和权利保障，比如增加的被害人基本情况这部分。另一方面，也在于体现简化版的优越性，如果没有复杂版的过度烦琐，又怎么能够体现简化版的优越，怎么能够体现认罪认罚案件程序从简的制度性优惠呢？

对于这一点来说，第三款审查报告的基本信息就显得太基本了，没有任何可以抱怨的。而且只要批捕阶段一次性填写，审查起诉阶段基本没有重复性填写的必要。

除了犯罪嫌疑人和被害人的信息可以免掉之外，发破案件经过、诉讼经过、审查报告的首部部分统统都免除了。

对此来说，这不就是在遵循认罪认罚案件"去审查报告化"的精神吗？

当然了，我们那个时候真的允许不写速裁案件的公诉报告。我之前也说了，毕竟捕诉一体了，还有一个捕的信息如何安放的问题。因此，我认为在整体上还是要保留一个载体，留着一个报告，在审查逮捕充分叙写之后，就会产生一种公诉阶段几乎不用写什么的实质效果。

尤其是证据摘录部分，对于速裁案件，允许不写这部分，实际上就是"去审查报告化"的延续。不仅是公诉阶段不用写了，批捕阶段也可以不写了。这也相当于将"去审查报告化"前移了。

　　因为，我们原来诟病的审查报告浪费时间主要就是指摘卷，那现在好了，对于速裁案件来说，捕诉阶段都免掉了。这就是一个极大的简化啊。

　　从这些角度来看，新版的审查报告模板总体上还是简化的。因为简化的报告在市场份额上应该更大，简化的效果不仅及于公诉，而且惠及批捕，是一种一体化的简化。通过部分捕诉一体的合一性和继承性，就能够在更大程度上实现整体简化。

　　也有不少承办人误认为这次的模板更加复杂，主要原因就是忽视了第三款也是捕诉一体的审查报告，尤其是忽视了应该优先考虑简化，优先选择简化的顺位，陷入第一款审查报告的模板不能自拔。

　　根本上来说，就是没有将这三款审查报告的模板作为一个整体来考量。

第二章　反思

为什么会有"挂名办案"

《关于"挂名办案"》一文，讨论了其中的一些基本问题，但还不够。

我们更需要关注的是为什么会有"挂名办案"这个现象存在？为什么这个现象近年来越来越受到关注？为什么这个问题解决不了？

1.

这是由于"办案"这个事比以往更加受到关注所致。因为这是司法责任制的根基，人员分类管理也是根据这个分类的，入额就要办案，不想办案就不能入额。

分类管理也是为了体现司法官的精英化，突出司法的业务属性，从以前在任何一个岗位都可以成为检察官、法官，到现在只有在办案的岗位才能被赋予检察官、法官的资格。

这体现的是对司法机关司法属性的尊重。从此综合行政管理岗位不再设置司法官，即使是主管这方面的院领导也入不了额。

入了额的院领导和部门负责人，也要像普通检察官、法官一样，从事实质的办案工作才能够入额。对案件的管理工作不能再简单地被定义为办案，否则与司法的实质属性不相吻合。

这个司法属性最重要的体现就是亲历性，就是要亲自提讯、阅卷、开庭、审理，这些才属于司法行为，除此之外的管理行为都属于司法机关内部的行政管理范畴，在本质上也很难与综合行政管理岗位的行政管理范畴完全区分开。如果入了额，又不办案，那这个额就完全成了待遇，这显然与司法责任制的初衷相互背离。

所以现在对领导办案的数据统计管理也很严格，不仅有办案数量的要求，也有办案类型的要求，就是害怕"挂名办案"的发生。

但是"挂名办案"的行为还是时有发生，这主要有以下几个方面的原因：

一是行政事务太忙，比如一天到晚地开会。我认识的一位基层院的检察长，刚上任，忙得脚打后脑勺，都三个月没看书了。最近为了看书，每天要五点半起来。我们是想赋予或者突出司法机关管理者的司法属性，但是行政事务太多，让他们无暇兼顾。

二是不太熟悉司法工作。有些领导不是业务部门出身，对办案本身是打怵的。而办案的能力，比如阅卷审查、出庭公诉的能力也不是短期能够培养的，他们在实质参与的时候自然感觉力不从心。再加上由于司法公开化，很多庭审是要直播的，一旦发生意外就会带来负面的影响。这也是领导不太愿意办理复杂案件，在办案中办得不够深的原因。

这就涉及了更深层次的问题：在选择司法机关领导干部的时候，对于他的司法办案能力到底赋予多大的权重。

也就是虽然基于司法责任制的要求，强调司法官要实际办案，但是在人才选择上是否也应相应比例地强调司法办案能力，从而确保其能够带头办理案件？

这就涉及了我们到底有多在意司法机关的司法职能和司法属性。

三是对司法责任制的恐惧。办案主要不是权力，更多的是一种责任。以前审批制的时候，只是负有领导责任。但是如果直接办案，就要承担直接的责任，这个分量明显是更重的。所以那些真正疑难复杂、有点诉讼风险的案件，自然责任风险也会增大，有些甚至有缠访、闹访的风险。按理说，领导应该主动担当作为，两高也是这样要求的，要求领导干部带头办理复杂疑难案件。

有一些司法经验的领导都知道要绕开这些案件，避免给自己带来不必要的麻烦。对于这些案件还是幕后指挥为宜，避免冲到台前。即使偶尔在台前，最好还是将自己设定在宣读起诉书等一些稳妥的环节为宜，如果再进一步还可以宣读公诉意见书。对于法庭讯问，二次答辩等可能发生意外的环节，尽量避免参与。

一方面，参与这些环节要对案件有很多实质的了解和把握；另一方面，这里有很多不确定的风险，而且这个风险还具有不可控性。辩护人并不会因为领导带头出庭而放你一马，有些辩护人甚至会故意给你难堪，所以明智的选择，自然就是不要冒风险。

这个保险的选择就成了不要过多地、实质地介入案件办理，这就成了"挂名办案"。

这个"挂名办案"是我们所怨恨的吗？

是，我们怨恨的是它的名不副实。

同时，它也是领导所怨恨的，他们怨恨的是为什么要多此一举。

领导就是领导，为什么一定要办案？

因为办案是司法官工作的实质。但是我们到底在多大程度上关心司法官工作的实质？这是我们需要自问的。

"挂名办案"某种意义上仍然是司法行政化的产物。

2.

当然，更加普遍的还是员额挂名办案的现象。

虽然我们同样都反对"挂名办案"，但更多人反对的是员额"挂名办案",很多人一提到这个事都是非常愤慨的,很难冷静。

通过与同行的交流,我感到这个问题比我想象得还严重、还普遍。

我也在反思这种现象背后的原因。

如果是领导"挂名办案",还会有忙于行政事务的理由,那员额办案应该是天经地义的事,为什么还要躲呢?如果办不了案子,还入额干什么呢?这不是尸位素餐吗?如果这些人真是办不了案子,又是谁让他们入的额呢,标准是怎么把握的?

我知道不爱干活的承办人总是存在的,我以前就接触过,他们里面也有有水平的,只是进入了职业疲劳期,不愿意做一些基础性的工作,这样徒弟就忙一点。但他们真的会指点,而徒弟经过他的指点和比较多的实践锻炼之后,还真是进步得快,这在当时还被称为"会带徒弟"。也就是有些人虽然不爱办案,但并不等于他不能办案,不擅长办案。

也有一些一生都勤勤恳恳的老黄牛式的司法官,他们始终坚持亲历性,也会手把手带徒弟,但是由于在关键环节上没有那么放手,所以徒弟的依赖性也比较强,关键问题老是要问师父。有时勤快妈养一个懒孩子的情况仍然是存在的。

只是这些都不是读者反应最激烈的类型。

他们强烈反对的,是那种完全没有能力,没有经验,但还是占着员额身份,啥活不干,坐享其成的司法官。这些司法官中有的脾气好一些,但是什么也教不了徒弟。有些几乎就没有怎么干过业务，有入额这件事之后才来的业务部门。对于这样的员额，那助理就相当于完全自己办案，员额帮不上忙。但是员额的待遇比自己高，又不用干活，这种坐享其成的状态，是助理们最看不惯的。

况且，有些优秀的助理原来是可以名正言顺地独立办案的，现在由于种种原因被挤下来入不了额，还要搭配一个没用的员额，其中的委屈可想而知。

更让人委屈的是，还有些员额不仅能力不行，品性还有问题，对助理颐指气使，或者瞎指挥。这就让助理不仅没有成长，而且还得不到尊重，简直就是一种煎熬。

更令人失望的是，入额的通道越来越窄，有些很优秀的助理，眼看自己符合条件，但就是入不了额。入额很多时候还是要看资历，不能完全按能力和成绩排序，一次一次地入不了额，确实让人很失望。

更令人绝望的是，从基层院遴选到省市级司法机关的助理，由于没有本院的助检员、助审员身份，连在本院入额的资格都没有。

这些助理面对"挂名办案"的员额，自然有着切齿的义愤，这个愤怒是有理由的。对这种"挂名办案"现象，应该旗帜鲜明地反对和禁止。

我想问的是，为什么会这样？怎样才能从根本上解决问题？那些咬牙切齿的助理以后会不会也成为自己原来反对的对象，到时候也跟着"挂名办案"？这些问题的背后是什么？

这里面有一个待遇的问题需要引起关注，也就是员额主要不再是一个办案的岗位，而是一种更好的待遇，或者说解决待遇的通道。

事实上，员额本来就是基于办案的岗位，才享有相应的待遇。但是现在有些人的理解反过来了。

他们看到的是员额可以拿到更高的工资，可以更顺利地自然晋升，从长期来看，待遇更高，更有保障。

而且人员分类管理和司法责任制改革之后，员额成为最受关注的对象，成为待遇最好的一群人。

只是员额们未必同意这样的观点，因为不得不承认，还有行政岗位提拔快、进步快的问题。

但是在大多数人眼里，员额就是既得利益阶层，是获得司法待遇的稳定通道，而且几乎是唯一的通道。

因为不入额是肯定拿不到司法官津贴的，待遇是肯定提高不上来的，这个待遇在很多地方的差别还比较大，这是实实在在的利益。

所以有些人来到员额这个岗位上，首先考虑的就是待遇，而不是办案。这个时候入额就成了一个香饽饽，由于分类管理具有根本性，这个利益就具有了战略性和根本性，想进来的人就会变多。

他们考虑的不是自己适合不适合，而是能不能拿得到利益，能不能以员额的身份退休，是以几级司法官的身份退休。虽然退休工资有些还未与这些身份挂钩，但是他们看得比较长远，先入了再说。

所以入额的时候竞争就变得异常激烈，有些人虽然没有办案优势，但是有资历优势和综合优势，在更多地考虑利益平衡和队伍稳定的领导看来，这些优势的分量可能更重，他们会认为年轻人再等两年也没事。

3.

这种现象在主诉制的时代并不明显。

彼时，司法责任制没有正式成型，还主要是在公诉部门开展，而且主要解决的是办案授权问题，当时待遇还跟不上来，即使曾经一度根据办案量设置了一些补贴，但这些补贴都具有临时性，没有形成正式的职级待遇。

所以那时主诉还主要是个办案岗，也就是一个干活的，虽然也增加了一些提拔进步的概率，但是其他业务部门以及行政岗位的人也不羡慕。因为他们有自己的上升通道，不需要这么累也可以获得提拔进步，那为什么还要自找苦吃？

所以，虽然那个时候主诉制也向其他部门开放，但是来的人并不是那么踊跃，而且即使来了的人，也还是想在公诉部门锻炼，是想干活的人。

没有多少人当了主诉之后还不干活，还搞挂名办案的。因为那样一是不能服众，二是耽误领导的事，三是没有待遇。那你来混什么呢？

主诉本身就具有临时性，即使具有主诉的资格，也不一定有主诉的权力，如果实在干不了，就不让你干了，操作起来很灵活。

最重要的是，这个岗位没有任何待遇可言。这个岗位只对一种人有用，就是你办案子办得好，可以得到领导的重用。但是"挂名办案"不可能叫"办得好"，自然也不会被提拔重用。那在这里混还有啥意义？

员额制就不同了，因为它是一种正式的身份，它有成熟的职级管理机制，有稳定的优厚待遇，它跟主诉制相比更加真实。

员额制与主诉制不同的是，前者是自然晋升，就是不犯错就可以获得提升，即使选升更高级别的司法官，也主要不是看业绩，而是看资历和领导岗位。这是一种资历主义的晋升通道，而后者的进步更多是靠业绩和竞争，是实力主义。

"挂名"无法带来业绩和能力的提升，自然也就没有太多的意义。虽然那个时候主诉也有批案子的问题，但是同时也要办理一些疑难复杂的案件，才能真正崭露头角。

本来更应该体现司法亲历性的员额制，由于提供了更为稳定的待遇和晋升预期，使它失去了应有的"狼性"。因为不需要通过办案获得晋升机会，办案就逐渐沦为一种负担，而不是动力和责任。

主诉是没有级别的，从主诉提到副处长这个层级，一般主要还是看办案。进一步提升就复杂了，但是办案在主诉制的运转中一直是一个核心要素。

虽然目前司法官也设置了比较复杂的考核机制，但是它缺少了最重要的机制，那就是竞争。它设置了超级稳定的保障机制，为司法官提供了稳定的物质保障，一定程度上减少了离职率，但是这种超稳定性，也必然会促生一些职业惰性。

也就是"挂名"是可以混得下去的。尤其是在那些办案的性质本身就很模糊的地方。

事实上，即使有退出机制，也未必能将这些人淘汰出去，反倒有可能将一些业务性很强，但是性格也很强的人淘汰出去，因为会"混"的人自然情商很高。

任何淘汰标准都必然有一个模糊性，情商高的人就更容易把握这个模糊性。

既然这些"挂名办案"的人能够进来，就说明准入机制就不完全是以业务能力为中心的，设计退出机制的人与设计准入机制的人是同一拨人，那又怎么能确保它是以业务为中心？

即使表面的规则是办案能力的标准，但是操作起来又是另一回事，这个道理与入额标准的把握是一样的。

如果真的看中业务，看中办案能力，真的要避免"挂名办案"，那就不应该让这些人入额，而应该让那些更有能力、更有责任心的人入额。而我们又是怎么选择的呢？

这些人其实一直都在，只不过主诉制的时代还是小打小闹，没有正式成为制度，没有可靠的待遇保障，他们没有看在眼里，没有出来与干活的人竞争。

也不是完全没有竞争，只是当时利益诱惑还不够大。但这种竞争是一种综合实力的竞争，并不仅仅是办案能力的竞争。

既然不是靠办案能力进来的，也不会通过办案能力继续比拼，因为他们知道办案能力并不是晋升通道的真实规则。

如果真实规则并不是倒向"办案"的，那"办案"必然也就不会那么受到重视，通过"挂"可以维持生活，通过"挂"还能获得进步，那何"挂"不为？

当真正的办案人成为"司法愚公"，那我们就离逆向淘汰不远了。

如果我们容忍了逆向淘汰，也就离被时代淘汰不远了。

因为自然选择不会"挂名"，它是"实名"淘汰的。

检察官助理在法庭上到底能不能说话

关于检察官助理在法庭能不能说话这个问题，之前引起了广泛的讨论。一种极端的观点认为，检察官助理在法庭上就完全不能说话，一句话都不能说。但还是有观点认为，既然要求检察官助理协助检察官出庭，那必然是与书记员的职责有所区别的，不说话怎么协助呢？难道只是翻卷吗，这个事书记员不是也能干吗？

在司法责任制持续的推进过程中，很多地方的员额趋近枯竭，从员额成长为检察官的周期越来越漫长。原来从书记员到助理检察员只要两三年时间，很快就能够独立办案。现在至少要等个五六年，有的十年八年也入不了。

如果就这样让检察官助理在法庭上一句话也不说，这样干坐着十年八年，恐怕也不利于公诉能力的培养。

更重要的是，这样的话检察官助理就与书记员没有区别，甚至成了法庭上多余的人了。这显然不符合检察官助理作为检察官储备人才的定位，只有在干中学习，才能够逐渐掌握检察技能。

原来就不存在这样的问题，书记员的定位非常清晰。现在检察官助理介入进来，作为检察官的辅助和检察官的后备肯定是与书记员有重大差别的。

根据 2015 年《关于完善人民检察院司法责任制的若干意见》第 20 条的规定，检察官助理在检察官的指导下履行以下职责：

（一）讯问犯罪嫌疑人、被告人，询问证人和其他诉讼参与人；

（二）接待律师及案件相关人员；

（三）现场勘验、检查，实施搜查，实施查封、扣押物证、书证；

（四）收集、调取、核实证据；

（五）草拟案件审查报告，草拟法律文书；

（六）协助检察官出席法庭；

（七）完成检察官交办的其他办案事项。

这些职责显然远远超越了书记员的职责，事实上是更为实质地、全面地介入案件的办理当中。应该说检察官助理对检察官的辅助是实质性的，也就是一起办案子，是对案件有实质的理解的，只是没有最后的决定权而已。

从这个意义上来理解，检察官助理在出庭工作中的协助和辅助，那显然是翻卷、翻法条、演示 PPT 文件所不能涵盖的，因为这些工作书记员都可以承担。

检察官助理对出庭的协助作用，一定是一种实质的帮助。

这种协助作用如何体现？其范围限度如何掌握？

2017 年《关于完善检察官权力清单的指导意见》第 10 条进一步明确："检察官助理辅助检察官办理案件，可以在检察官指导下履行除《关于完善人民检察院司法责任制的若干意见》规定的检察官须亲自承担及检察官权力清单确定的办案事项决定权之外的办案职责。检察官助理可以协助检察官出席法庭，但不得以人民检察院名义单独出席案件的法庭审理。检察官助理辅助检察官办理案件的，要在案卷材料和统一业务应用系统中全程留痕。"

这个意见好像什么也没说？其实并不是。

这个指导意见明确了协助的基本含义，就是检察官助理不能单独出庭，也就是不能把这个活全干了，而检察官一点也不干或者根本就不去开庭，那绝对是不行的。

这个意见虽然没有明确说协助出庭到底怎么个协助法，但是它强调了一点：检察官助理办案要在案卷材料和统一业务应用系统中全程留痕。

如果出庭一句话不说，怎么留痕？出庭笔录记载 ×× 助理协助检察官出席法庭，但什么都没干？那还去干什么？

这个需要记录的价值，自然体现了检察官助理可以在法庭履行一些有法律效力的行为，比如宣读证人证言、出示证据。

我以前开大庭的时候就感觉特别累，嗓子都冒烟了，但是书记员也不能帮你宣读证据。

现在有检察官助理了，也还是不能宣读？

当然这也是被一些观点吓的，被人家在法庭上当众指出来的行为给唬住了。人家说，助理不能说话，我们就没词了，其实也是因为我们自己也不知道助理在法庭上能不能说话。我们自己也犯迷糊。

为了体现司法官的责任制，把助理的职责都含混过去了，搞得好像助理啥都不能干，这显然不符合司法责任制的本意。

很多助理也真的被吓住了，好像一说话，真的就是犯错了。

这里有一个经常被人拿来说事的例子：内江中院的一个二审刑事裁定书，里面提到了助理出庭违反诉讼程序的问题，有些人就以此作为助理不能在法庭上举证，甚至不能在法庭上说话的证明。

但这是一个重大的误解。

判决的主文部分是这样写的，"本院认为，一审审理中，公诉机关**仅**派不具有公诉人身份的检察官助理出庭并举证，违反了刑事诉讼程序，可能影响公正审判"。

这里被人忽略的是这个"仅"字。也就是说，这个案子中只有助理出庭，检察官根本没来。

只有检察官助理出庭并且举证，这种情况当然违反了刑事诉讼程序。

《关于完善检察官权力清单的指导意见》中也强调了，不能仅由助理单独出庭，因为这就无法解释何为协助：你都单干了，这个肯定是不行的。

《人民检察院刑事诉讼规则》第 390 条也规定，提起公诉的案件，人民检察院应当派员以国家公诉人的身份出席第一审法庭，支持公诉。公诉人应当由检察官担任。检察官助理可以协助检察官出庭。根据需要可以配备书记员担任记录。

这条规定显然也再次强调了检察官助理的协助性地位，这个协助的范围虽然还可以讨论，但是至少是有范围的，至少不能完全代替检察官。

基于这个原因，内江中院的裁定书才认定"公诉机关仅派不具有公诉人身份的检察官助理出庭并举证，违反了刑事诉讼程序"。

不是说检察官助理不能出庭，不能举证，而是说不能"仅"派检察官助理出庭并举证。这个问题出在"仅"上，而不是出在检察官助理举证或者出庭上面。

目前还没有一份判决或裁定，说检察官助理协助公诉人举证或出庭，从而认定程序违法。

只有"仅"派助理出庭并举证是违法的，也就是协助出庭并举证并不违法。

相反，协助出庭并举证正是检察官助理协助的职责所在，否则在法庭上干吗呢，记录也不用他。

那些忽视"仅"字，将助理单独出庭并举证的违法问题，篡改成只要出庭就违法，只要举证就违法，显然是在偷换概念、混淆视听。

当然这个事与检察官助理职责含混也有一定的关系，同时也与我们的不自信有关系。

别人只要有一点指责，我们就会害怕，也不分析，也不区分到底哪些是真有问题的，哪些是没问题的。干脆都不要说了，助理一句话不说可以了吧？

助理一句话不说不可以，这不仅不符合司法责任制的规定，也是对助理成长的不负责任。

助理只是不能单独出庭，并不是不能说话。

当然，即使有检察官出庭，也不能仅仅陪庭，自己一句话不说，全让助理说了。关键的话，还是要检察官来说，但是协助性的话完全可以由助理说。

比如宣读证据，比如简单的讯问、询问，甚至对证据的解释、说明，对辩护人的简单回应，都可以由助理来完成。

只是最核心的意见，还是应该由检察官来发表，助理只是补充。

这个意思就是助理可以充分发挥作用，但是检察官不能当个摆设，还是要发挥关键性的作用。

就像主刀大夫，关键那一刀肯定要自己来，但是不可能一台手术样样都自己来。当然了，手术主要是通过肢体行为上的协助，而不是通过说话来协助。

但在法庭上，没有那么多肢体行为协助，主要是靠语言来协助，在法庭上不说话怎么协助？

在法庭上不让助理说话，就几乎等于没有协助，就等于不允许协助，就等于剪掉臂膀，让公诉人陷于孤军奋战的境地，这显然是极为不利的。

现在的关键就是，检察官助理出庭如何协助，协助的范围、方式如何把握，应该有一个规范，这样也更容易操作，同时可以避免外界的质疑，更是给检察官助理吃一颗定心丸，也是对于这支检察官后备力量负责的体现。

综上所述，现在至少我们可以明确一点，检察官助理在法庭上是可以说话的。

刑拘直诉潜在的司法危害

拘留与逮捕同为强制措施，但在功能上有着很大的不同。

拘留承担的是逮捕的准备功能。《刑事诉讼法》第 75 条规定：对违反取保候审规定，需要予以逮捕的，可以对犯罪嫌疑人、被告人先行拘留。第 115 条规定：对现行犯或者重大嫌疑分子可以依法先行拘留，对符合逮捕条件的犯罪嫌疑人，应当依法逮捕。这里用的都是"先行"二字，目的是为提请逮捕收集证据、准备材料。

《刑事诉讼法》第 91 条更是规定，公安机关对被拘留的人，认为需要逮捕的，应当在拘留后 3 日内，提请人民检察院审查批准。在特殊情况下，提请审查批准的时间可以延长 1 日至 4 日。对于流窜作案、多次作案、结伙作案的重大嫌疑分子，提请审查批准的时间可以延长至 30 日。

可见，拘留时限的长短都是从提请批准逮捕的准备难度考虑的，目的是为提请逮捕做好准备。无论是延长 1 至 4 天，还是延长至 30 日，都是如此。

由此可以得出两个结论：

一是拘留是一种侦查羁押措施，只是在侦查期间临时进行，目的是为提请批准逮捕做准备，在审查起诉阶段和审判阶段不应该直接适用拘留措施，因为此时也不需要为提请批准逮捕做准备，如果确有必要直接决定逮捕即可。

二是拘留时限延长只是准备提捕的需要，如果不存在法律规定的特殊情况，不能随意延长。也就是说不能将延长了的拘留措施当作比较短的逮捕措施来用。

因为只有逮捕才是唯一的长期羁押措施，只有逮捕措施才能达到以羁押方式确保诉讼顺利进行的目的。

正因此，对逮捕的措施才给予了最严格的法律制度控制。

对逮捕措施的控制是由宪法予以规定的，《宪法》第 37 条规定：中华人民共和国公民的人身自由不受侵犯。任何公民，非经人民检察院批准或者决定或者人民法院决定，并由公安机关执行，不受逮捕。禁止非法拘禁和以其他方法非法剥夺或者限制公民的人身自由，禁止非法搜查公民的身体。

国家以《宪法》规定的方式将逮捕的决定权主体，明确限定为检察机关和人民法院，公安机关只是执行机关。需要强调的是，公安机关并不是逮捕的决定机关，它不能自行决定，自行执行。

因为逮捕具有长期性，一旦逮捕，审查起诉和审判阶段如果没有改变强制措施，就可以一以贯之地使用这一强制措施，正因为它对人身自由侵犯的严重性，所以《宪法》才要予以规范。

《宪法》并没有提到拘留。可见拘留的强制程度相比于逮捕要轻很多，只是二者同样都是在看守所羁押，日常的监管强度没有本质区别。那拘留轻在什么地方？

拘留轻就轻在它的短期性和临时性,时间相比于逮捕要短，而且不是一旦刑拘就一直用下去，否则就和逮捕没有区别了。刑拘只是提请逮捕的准备措施,在刑拘之后是否需要长期羁押，必须要有检察机关专门审查确认，这就是审查逮捕环节。一旦不能批准逮捕，就不仅是不能逮捕的问题了,刑拘也不能继续了，那就要立刻改变强制措施，实践中往往是取保候审。

目前刑拘直诉的方式，绕开了审查批准逮捕这个环节，也混淆了拘留和逮捕的区别。拘留本来是逮捕的准备性强制措施，目的是更好地服务于审查批准逮捕。现在倒好，不用报捕，直接以拘留措施移送审查起诉，进一步提起公诉，以拘留措施进行审判。

那还要逮捕这个措施干什么呢？

请问，对于一个以取保候审强制措施移送审查起诉或者提起公诉的案件，哪个司法机关能够直接进行刑事拘留？

刑事拘留是侦查阶段的强制措施，目前已经是审查起诉阶段和审判阶段，必须适用那些长期的强制措施，也就是逮捕或者取保候审，再或者监视居住。

有人会说拘留方便啊，公安自己已经作出了，我们不用重新决定，一下子用到底，只要大家抓紧一下，30天内全流程结案，不就没有违反刑事诉讼法的强制性规定了吗？

其实这已经违反了刑事诉讼法的强制性规定，因为延长1至4天，或者延长到30天的时间，是为了提请批准逮捕，而不是移送审查起诉，更不是提起公诉。而且延长到30天是有明确法律要求的，即流窜作案、多次作案、结伙作案重大嫌疑。

别的不说，目前普遍适用刑拘直诉方式的危险驾驶案件，肯定不属于流窜作案、多次作案或结伙作案，肯定用不着延长到30天。

危险驾驶罪的刑罚是拘役，连有期徒刑以上刑罚都到不了，甚至都不符合逮捕措施的最低要求：可能判处徒刑以上刑罚的犯罪嫌疑人、被告人，采取取保候审尚不足以防止发生下列社会危险性的，应当予以逮捕。

刑事诉讼法为什么要规定这个逮捕的最低标准？那就是根据强制措施的比例性原则，作为最严厉的强制措施，而且是一旦采用将有可能贯穿于刑事诉讼整个过程的长期性刑事强制措施，显然应该适用于更加严重的犯罪。

只能判处拘役刑罚的案件，相对于逮捕措施所要求的严重性，显然并不属于严重的犯罪，自然不在逮捕措施的考虑范围。既然逮捕都没有考虑过，就意味着此类犯罪自然也不应在整个诉讼流程中从头到尾地适用羁押措施。

逮捕的本质就是全流程羁押，如果通过刑拘的方式实现了一次决定进而全流程羁押，那不就是变相的逮捕措施吗？

如果是逮捕措施，就应该由检察机关和法院决定，而不应由公安机关自行决定、自行执行。这样才能防止长期强制措施的泛滥。

如果对危险驾驶案件都能够施行这种全流程羁押，那就不仅是违反了强制措施的比例性原则——对轻微犯罪采取过于严厉的强制措施，还规避了关于公民人身自由的宪法性制度管控，是绕开审查进行变相逮捕。

实践中的结果就是轻罪羁押率过高。有些地区甚至出现了虽然不批捕率很高但审前羁押率也很高的怪现状，从而导致短期自由刑的泛滥，导致罪责刑不相适应，也带来了对人身自由的过度侵害。

之所以有这样的问题，是有历史性原因的。以前审前羁押率高，是侦查中心主义和重罪比例较高造成的。之前我们主张对重罪就要出重手，就要着重打击。这是一种刑事政策的巨大惯性。

但是根据高检院在人大报告中显示的 20 年刑事案件趋势的变化来看，重罪案件呈现了逐年下降的态势。现在轻罪是主体，达到了 80% 以上。近年来，随着劳动教养的废除，犯罪圈也在逐渐扩大，包括危险驾驶的入刑、盗窃罪标准有条件降低，导致轻罪案件出现了一种必然的、结构性的增长。

但是，我们的刑事政策没有根据犯罪态势的变化进行相应的调整。即使推进速裁程序和认罪认罚制度以来，不少地区仍然坚持保守思维，即使面对的是一些轻型犯罪，仍然习惯于下重手，出重拳，维稳思维依然非常严重。

一旦取保就害怕出事，就害怕失控，害怕在司法责任追究上有更大的风险。

即使在有些犯罪已经无法达到逮捕最低条件的情况下，仍然用刑拘直诉的方式搞全流程羁押，变相逮捕。

这种羁押手段的使用在责任追究上，反倒是违反了相关规定也没有风险。这种不同司法责任制的规则设计，最终也导致了司法行为的不同取向。这个规则原则取决于失控感的判断，我们以为遵循法治原则的取保，有可能带来腐败和破坏司法秩序的行为，这些是我们重点关注的，所以绝不能发生，即使并无过错。但那些明明违反了法治原则，绕开司法机关搞长期羁押的行为，实际上侵害了人身自由的基本权利，违反了程序正义的基本原则，只是由于看不到长期的宏观危害和潜在的司法危害，就认为这些没有什么损害结果，就可以予以更多包容。

我们对责任的理解更多的是从秩序和具体结果的角度进行的，我们很少从法治价值、程序正义、公正性、人权保障这些宏观视角和抽象价值来理解什么是真正的责任。

我们也承认，没有羁押措施，可能会给不少侦查人员和司法人员带来失控感。但这个失控感，在一些地区已经通过利用技术手段改进取保候审管理措施的方式得到了极大的改善，从而在能够确保诉讼顺利进行的情况下，降低审前羁押率。这就给从根本上解决刑拘直诉问题带来了一个重大契机。

既然司法秩序不必非要通过羁押的方式来维护，那刑拘直诉更是失去了现实意义。因此，是时候废止刑拘直诉的工作方式了。应当再次重申长期羁押需经检察机关和审判机关决定的宪法性原则，并着手构建轻罪原则上不羁押，以不羁押为原则、以羁押为例外的新的刑事诉讼格局。

如何避免内部的机械执法

我们以往主要是警惕对外的机械执法，避免唯结果论，避免不问青红皂白从而背离常情常理，却忽略了内部的机械执法，而这恰恰正是外部机械执法的根源所在。

所谓内部的机械执法，就是内部的办案管理、监督、复查、评查，不管以何种名目出现，都是对司法产品的内部控制机制。

这种机制往往以事后的评价为主，而且这种评价不仅是对事的，也往往是对人的，从而对司法官职业履历产生负面影响，甚至可以直接影响到退额、免职，至少会对晋职晋升产生负面影响。

因为其影响的直接性，给司法官的司法判断带来了强大的心理压力。比如我之前提到的快递小哥案，以及大学生办假证加油的案子，之所以领导在明知没有太多起诉必要的情况下，还是要求起诉，主要就是因为不起诉会受到重点评价，会受到多重复查，从而可能带来负面影响。

这个负面影响不仅是司法官个人意义上的，也是部门意义上的，甚至也是单位意义上的，这也是领导要跟着操心的原因。

同时，这个负面影响也不仅仅是结果意义上的，也是过程意义上的，只要复查就很难受，都不需要一定有一个负面的评价结果，只要启动复查的程序，就相当于一种内部的惩罚。谁的案件老被复查，哪个部门的案件老被复查，老是被要求作出说明和汇报，自然就隐含了一种负面的评价的态度。

而且既然复查了，即使主要目标可能没有达到，比如不起诉不好说有问题，但是为了体现复查工作的严肃性和权威性，在细小的规范性等问题上也会找出一些毛病，从而证明上级决定的正当性。复查半天一个问题也找不出来也是非常没面子的事情，而拿着显微镜来看，几乎所有案件都可以挑出问题来。

所谓言多必失，案多必失，被复查越多失的就越多，这也是为什么司法官尽量避免自己的案件成为复查的重点的原因。

为了避免成为复查的重点，为了绕开质量监控部门的监管，就尽量不要作出监管部门不愿意看到的司法决定，比如不捕不诉，这也是构罪即捕，凡捕必诉的根源。

有时也不仅仅是办案人员司法理念没有转变过来的问题，还有质量监管部门的司法理念也没有转变过来的问题。

是不是那些成天担心被复查的司法官，他们自身的规范性本身就存在问题，所以才害怕被规范？必须承认，确实有这样的问题，但是很多也并不一定是这方面的问题。

1. 规范就是一个不能完全说清楚的问题

遵守法律法规的基本规定，比如没有超期办案等，这个是比较容易做到的。但是由于细节上的规范太多，有些甚至还有矛盾之处，还有一些规范下发的范围就非常有限，有些承办人根本就无从知晓。如果把这些规范一条一条拿过来卡，很难有人能确保不中招。

尤其是对规范的理解，也会存在一定的差异，如果不问是否实质地违反规范，只是单纯地按照规范来套，那本身也会产生一种机械执法的效果，一种不问青红皂白的效果。

而且谁来解释规范，如何解释，也是一个说不清道不明的问题。

2. 将争议问题作为是非问题来看待

有些指控的罪名被法院改变了，有些指控的事实没有被法院认定，有时候也不能说谁就一定是对的。因为对法律的理解，对事实证据的判断本身就具有主观性，这个时候我们归责的原因主要就是看有没有公诉责任，也就是有没有故意或者重大过失。

在认定犯罪的时候，我们还要讲究一个主观的罪过，在内部判定司法责任的时候，我们为什么就不考虑主观过错？

只要被改了，就一定是错的，就一定是有责任的，这同样也是一种内部的机械执法。这样的内部机械执法同样有可能背离常情常理，背离一般的司法认知，让办案人员不服气。这也会产生寒蝉效应，让办案人员不敢主动作为。

比如一个公诉人追诉一个漏罪，这本身是应该得到鼓励的行为，而且一审判决也认可了，只是二审判决没有认可。这只是一个诉讼监督的行为没有成功而已，顶多是不用表扬了而已。但是有时也会被复查半天，还要考虑追责。

这种内部的评价方式，必然极大地挫伤公诉人主动作为的积极性。也就是意味着不用再积极考虑诉讼监督了，监督不成功还要追责，那干脆不监督了，公安移送什么我们就起诉什么吧。这样的结果是我们希望看到的吗？

3. 内部执法有时缺少正当程序

我们知道，如果没有程序正义的保障，很多时候对实体正义的追求就可能失去稳定性，就无法约束司法的恣意。

在内部执法上也是一样的，如果脱离了程序正义，也同样难以约束内部执法者的恣意。

这种恣意同样也会损害内部质量监控行为的公正性。

比如，我们知道，在评价一个案件是否有问题的时候，至少要给当事人解释的机会，往往是下边两级院尽量都要过来，当面作出解释，以便内部质量监控部门全面了解情况。

但是现在，因为能够进行复查的部门很多，开展复查的人也很多，每个人的风格不仅不一致，有些甚至在没有充分听取意见的情况下，就匆忙下结论，结果就非常不慎重。

这主要也是因为内部质量评价程序的缺失，没有像刑事诉讼法那样有一套完整的内部质量评价程序，从而确定哪些部门和人员拥有复查权力，被复查人有哪些救济权利，复查的流程应该是怎样的，有哪些公开性的程序保障机制——比如内部的听证程序。动议复查工作的人和作出复查决定的人，也往往是同一个人或同一个部门，这也难以避免会产生自诉自审的现象，从而让被复查人的辩解变得毫无意义。

事实上，在内部评价工作中缺少必要的程序正义机制，这也是容易产生内部机械执法的原因。

我们常常主张要确保程序公正，但是在内部管理上，反而忘记了程序公正。我们常常主张要避免机械执法，要考虑常情常理，主张人性的执法观念，但是我们对"自己人"反而没有做到这些。

正是因为我们对"自己人"的机械执法，才让司法者的内心变得越来越硬。那是因为他们自己的人生也没有被考虑过，所以他们也不愿意考虑别人的人生。

因为考虑别人的人生，所得出的与以往不同的司法结论，可能成为内部机械执法重点关注的领域。谁也不愿意因为别人的人生而给自己的人生带来风险。

这也是一种人性本能。

所以永远不能脱离制度讨论人性，我们不但关注司法的表，更要关注司法的里。内部机械执法之恶，是司法平庸主义的根源。解决内部机械执法的问题，也需要按照司法规律构建司法管理模式，按照程序正义的基本原则构建司法内部运行的监管模式。

打招呼好使的根本原因在于内请制度

近来，司法官员腐败案件中暴露出通过打招呼干涉个案的问题。这里有司法腐败的问题，但更值得关注的是打招呼为什么都那么好使。

为什么一打招呼就好使？原来只是指导与被指导的关系，如何变成上级的招呼要绝对执行？

根源还是学术界一直诟病的内请制度。

1. 不公开

内请制度是一种内部的请示制度，与司法程序相比显然具有不公开性，因此也就难以监督。

这几年一直推行审判公开，判决早就开始公开，现在庭审也开始直播，公开化程度越来越强。

因此，庭审程序和判决书的内容也会受到越来越多的关注和监督，从而促进其公平公正。但是不得不承认，这是以审判为中心的"面"，真正影响判决的实质决策过程是不透明的，而这是以审判为中心的"里"。

比如请示汇报的内容，上级院指示的内容往往是看不到的，表现出先定后审、不审而定等内容偶尔被律师看到了，都会引起轩然大波。

很多时候这只是公开的秘密，这种公开的秘密被公开批评了很多年了，但是却没有改变。

这种指示不被公开，有些只是口头的，连记录都没有，那自然很难受到约束。

这些指示是出于公心还是出于私心如何分辨？又如何质疑？

这种请示和指导，又以事后的考评、复查、人财物管理权力作为后盾，下级哪敢违抗？

不能说所有的内请都是在徇私，但是以不透明、不规范的方式来操作很难将私心排除，而且正是因为这种不透明的环境，让指导者觉得有机会瞒天过海，从而放大了私欲的恣意。

阳光是最好的防腐剂，暗箱操作是腐败最好的保护伞。

与之相比，放在诉讼台面上的审判制度，纵然有一些自由裁量权，也是不敢轻举妄动的。因为所有的诉讼行为都会被记录下来，在法庭上说的每一句话都会被记入庭审笔录，甚至还有庭审录像，合议过程也有记录，审委会的讨论都有记录。这些都要入卷归档，什么时候复查都可以发现。

法官要对判决里的每一句话承担责任，否则被告人、辩护人可以上诉、申诉，甚至要在网上公开，这些公开的内容都要经受公开的质疑。

法官即使想有一些私心，碍于这么多公开透明的机制，也会有所忌惮。

但是如果案件是由那些不被记录、不被公开的私下指导决定的，那自然就缺少对规则的敬畏，就会游离于日益公开的审判程序之外，成为审判权背后的幽灵，成为影子判官。

2. 无程序

之所以会成为审判权背后的幽灵，就是因为没有程序将这些内部决定纳入审判程序的范围之中。

如果将内请制度正式纳入审判程序之中，那效果就绝不会是这样了。比如上级审判机关可以派员参与合议庭合议并发表意见，并记入合议笔录，可以莅临审判委员会提出上级院的指导意见，作为参考，并记入审委会记录。

即使这些记录仍然还是归档在副卷之中，那也会好很多，因为你知道这些记录早晚会被调阅、被复查，虽然力度没有审判公开那么大，但也相当于有一双眼睛在背后盯着你，再作出指导的时候，就会相对客观很多。

以往的内请制度根本没有这些严格的程序：没有规定内请的方式是书面的还是口头的；没有规定内请制度需要出具什么样的正式的法律文书或工作文书；没有规定内请制度的具体流程，是否一定要走办案系统；没有规定各级司法人员在内请工作中的职责权限，在请示汇报的过程中需要哪些人员参加，是否需要阅卷，如何作出决定；没有规定内请案件是否必须经过下级院请示才能答复，还是上级院也可以主动关注，主动作出指示；等等。这些具体的问题，统统都没有规定。

没有程序就没有规矩，就容易"想怎么弄就怎么弄"，就无法约束人性的恣意，就不具备权力行使的稳定性，就容易为腐败大开方便之门。

反正我怎么指导都有自己的道理嘛，都没有不符合程序要求，有这样的说法，是因为根本没有程序规定。

而这些没有程序的决策机制却是最终司法裁决作出的真实逻辑，这样一来，庭审实质化还有什么用？这也是审判人员对庭审实质化缺乏动力的原因。因为怎么判的自己定不了，而真正能定的人也不关心你怎么审，那还审得那么复杂干吗？

因此，即使在内请制度不能完全取消的情况下，至少也要规范内请的程序，从而最大限度地限制内请制度对司法制度的负面影响。

3. 绝对性

终局效力本来是审判的特有属性，但是现在的情况是法官不能掌握真正的司法裁决权，内请中的决定者才是真正握有司法终局决定的人，当然这个人不见得是审判人员。

审判机关整体上的终局地位，又使得这个终局权力不断被强化，甚至绝对化，这也是下级审判人员不得不听的原因。

这个案件你不听，但以后的案件二审还是要到上级，是否发回、改判，甚至直接宣判无罪，都是由上级法院决定的，其他机关都不可能对案件带来上述实质的影响。而这些却恰恰能够直接影响下级审判机关和审判人员的绩效。

在指导效力的绝对性这一点上，检察机关往往是刚性不足。在纠正下级院检察决定的时候往往要考虑审判权这个决定性的因素，比如在纠正下级不捕不诉的问题上，除了案件本身的问题，还要考虑最终法院能不能判，如果纠正了但却判不了，那就相当于纠正错了，反而影响上级检察机关的威信。为了避免这种尴尬的局面出现，检察机关在指导的过程中往往就要留有余地。除了捕诉，包括是否提抗，指控罪名和指控事实的多少，以及量刑建议的提出，都要考虑法院这个决定性的因素。

法院就没有这个额外的因素需要考虑，自己定了就是定了，要求执行就是要不打折扣地执行，即使是刑期多少，是否判处缓刑这种十分具体的内容，都会不打折扣地执行。而民事案件的裁量权就更大了。

这种绝对性，在司法实践中不仅体现为上下级的"政令畅通"，也体现为打招呼好使，"办事"效率高，从而成为更有价值、性价比更高的寻租空间。

从远期看，如果想根除打招呼这种司法腐败现象，最好是根除内请制度这个寻租土壤，让一切回归到司法程序当中，这是最理想化的。

现实中，即使短期内不能废除内请制度，也十分有必要对内请制度进行相对的公开化、程序化改造，通过次次留痕、文来文往、归档备查等方式予以规范，坚决杜绝口头的、随意的指导方式，最大限度地减少徇私的机会和空间，将内请制度置于重点内部监督的范围，对于内请案件一律提级复查、每案必查，从而确保相对的规范性。

抗诉有理却不改判，那审判监督还有没有意义

很多检察官会抱怨，有些抗诉明明是有道理的，但是法院就是不改判，又能怎么办呢？

由于不改判的比较多，二审检察机关还会经常把已经提抗的案件撤回来，甚至在抗前指导的时候就明确不让抗了，这样又会挫伤下级院抗诉的积极性。

放弃监督是容易的，但是监督越来越难，审判监督尤其难上加难。

1.

这就是审判监督与侦查监督的巨大区别。

同样是监督，方式和效力上却有着巨大的差异。

从侦查活动监督到立案监督，普遍来说都是比较强势的，是不容置疑的，刚性和强制力要强很多。基本不需要公安机关

再去审核判断，只是如何纳入自身评价体系的问题，但是不管是什么评价，它们一般不会完全不理。一个纠正违法对侦查人员的评价是很重的，也会引起足够的注意。

同时检察机关还可以通过批捕权和起诉权进行进一步的制约，与侦查监督相互配合，会形成更大的合力。这也是检察机关的后手优势决定的。

必须承认的是，相比于法院来说，侦查机关的问题可能更多，也更有可监督的余地。

因此，从诉讼监督来讲，侦查监督更像监督，也更有效果。

但是用的过多也会呈现边际递减的效果，所以也要把握一个尺度。

2.

相比之下，审判监督连边际还没开始，就走不动了。

因为法院对于检察机关来说有后手优势，法院通过审判权还能极大地制约检察机关，比如判无罪，建议撤回起诉。

这个力度很多时候比抗诉要强得多。

所以审判机关可以通过后手优势，阻遏检察机关审判监督权的行使。抗诉抗多了，惹得法院不高兴了，就搞几个无罪，让你吃不了兜着走。

或者，让你撤回起诉是给面子了，如果再抗诉下次就不通

知你撤回起诉了，那还怎么敢抗？

当然，这里也有检察机关办案质量不过硬的问题，之前配合侦查机关配合得多了，这个时候就难受了，抗诉的时候就不硬气了。所以打铁还得自身硬。

但是即使自身硬了，证据事实也是最难抗的，因为对证据的取舍主观性很强，很难有刚性的结论，这种无罪判决几乎是难以抗成的。

所以抗诉与无罪有时候会成为一种矛盾，因为害怕破坏检法关系，增加无罪的可能性，就尽量减少监督。

尤其是当你求着法院要求撤回起诉的时候，实际上就是用撤回起诉替换无罪判决，结果呢，就是以牺牲审判监督为代价。

要打破这种死循环，只有一条路，那就是确保证据事实过硬，通过捕诉一体强化引导侦查取证，实现检警一体化。也就是打通案件质量的传递通道，将不断提高的证据标准向侦查前端传导，并且充分发挥捕诉的审前过滤作用。

做好了这一条，才能最大限度地减少因为证据而发生的无罪案件。实务中，绝大部分的无罪都是因为证据问题引发的，证据过硬了，无罪案件就会直线下降，我们也就获得了审判监督最基本的底气，也才有可能谈法律适用、谈量刑、谈程序。

3.

非证据类的抗诉，也一样不容易。

可改可不改的，二审法院一般选择不改，这也是在维护既判力。

有很多案件，上诉可以改判，但是抗诉改判就比较难，因为前者是在保护上诉权，从而有利于鼓励问题案件的发现。后者虽然也是帮助法院发现问题，但是由于带着法律监督这层色彩，就让法院不太愿意接受。

这是为什么呢？

一是同侪效应。既然检法并称，那至少是平等的意思，但是前者监督的地位好像凌驾于别人之上，会让人心里不舒服。

二是法院的专业优越感。法院作为以审判为中心的这个中心，自身有一种专业性的优越感。这个优越感一方面来自于终局性的权力，是"敲锤子的"；另一方面来自于更加严谨的专业能力和专业素养。法院总体来说业务氛围更浓厚，对于什么是案件有着比较清晰的认识，业务部门在系统内地位更高。因此，法官总是感觉在专业上要强于检察官，正因此，在专业问题的较量上，法官更自信。虽然这种自信也带有一些盲目性，但是并不是完全没有依据的。

三是审判监督权缺少必要的刚性。抗诉只是一种请求权，即使你提抗有道理，但是法院还是可以不改，因为审判监督的结果是由被监督者来判定的。

这就形成一个悖论，也就是监督只对讲理的法院管用，如果不讲理那就无法监督，或者监督无效。但不正是因为不讲理，或者说是司法恣意，才产生了更多的问题吗？

针对由于司法恣意产生的问题，又以更大的司法恣意——就是不改判对抗，那还监督个啥？

这就导致很多检察机关在审判监督这条路上打退堂鼓，二审检察机关会向一审检察机关说，你这个抗诉是有道理的，但是二审法院不会改，所以只好撤抗。

我们的抗诉要讲究质量，如果撤抗，那只是一审检察机关的问题，如果支抗但是没改，那就成了两级检察机关的问题。这个责任，二审检察机关不想承担。

这里还有对抗诉管理的考核问题，我们是以结果导向的考核，但是这个结果不掌握在我们自己手里，而在被监督者，也就是法院手里。

法院通情达理地给你改判，你的办案质量就高；但是明明有道理就是不给你改判，你的办案质量就是不高。

所以你的办案质量不是由案件质量或者抗诉质量决定的，而是由法院的态度决定的。

你可以从结果的角度来说，只要没改判的那就是抗诉质量不高。

但是这显然并不客观，因为有很多案件，比如认罪认罚无正当理由抗诉的案件，显然是撕毁了具结书，就是应该恢复到不从宽的状态，即使其撤回上诉也是一样的。但是很多法院就是不改。更不要说，量刑建议并没有明显不当就不采纳，这种提抗，更是极少改判。

　　即使在审委会讨论时很多委员都支持了检察机关的意见，但是只要一提及刑罚裁量权，大家就不再讨论案件本身了。

　　对于这些抗诉，不能唯结果论，不能机械地以结果考量抗诉的价值。

　　因为审判监督与侦查监督有很大的区别。

4.

　　审判监督的本质还是问题发现机制，而不是直接纠错机制，这是与侦查监督一个本质的不同。

　　这也是抗诉是一种请求权的原因。

　　如果只要提抗，就推翻一审判决，那就是在审判机关之外又制造了一个审判机关，将实质地废除审判权。

　　提抗所经历的程序完整性与审判机关的审判程序是无法比拟的，审判机关的中立地位也是检察机关所不具备的，这也导致了即使是审判监督也要尊重审判机关的终局性地位的局面。

　　检察机关更多地扮演着提醒者的角色，但是对于一些刚性的问题，还是可以发出纠正审理违法通知书。

只是对于更多的案件实体问题，这个纠错机制，还是要通过审判程序来进行，而这个审判程序的最终裁决者还是审判机关。

检察机关的这种提醒或者问题发现功能，虽然与上诉权具有相似性，但是在强度上还是要更大一些，审判机关自然也会更加重视一些，比如要开庭审理，一般还要上审委会。这某种意义上也是对于检察机关作为法律监督机关的一种重视和尊重。

此时，终局性的审判权如果是公正的自然好说，如果是不公正而又任性的，有错也不改的情况，怎么办？

检察官在一定时间，一定地区，一定领域内遇到这种情况，普遍有一种无力感，面对这种无力感，二审检察机关选择的是自保：不是那种不改不行的低级错误，就先撤了再说。

这是对审判监督职能的误读，因为既然审判监督不是直接纠错，而是问题发现并予以提醒，那就不要过于追求结果的改判。应该追求的是提醒的及时和准确，并使问题得到彻底解决。

如果检察院发现了审判有问题，又发现了一些法院存在知错不改的司法恣意，这就不仅是抗诉能不能成功的事情了，这说明这些审判机关可能出了大问题，不接受提醒的话，就有点讳疾忌医了。虽然他们自己堵着耳朵说不想听不想听，但如果检察机关就这么算了，那作为监督者，这就是不负责任的。检察机关还是应该向更高的审判层级反映的，避免审判机关越陷越深。比如接续抗诉，认准一个问题，一抗到底，二审不改，再提审监抗。

我们知道，很多冤假错案也是经过多年来不断的坚持才得以纠正的。因为大的问题必然有大的阻力，在这个意义上，审判监督要更难，责任也更重大。

因为审判机关掌握的可是终局性权力，如果这个权力出了问题，那就是无可挽回的了。

一个层级可能发生固执和任性的问题，提高层级之后就有可能跳出既有的利益格局和思维定式，也更有利于问题的解决。

所以当我们确认抗诉有道理的时候，不妨坚持，即使不成功，至少也是对案件负责。

而且很多时候，所谓的不成功只是暂时的不成功，因为抗诉作为重要的监督途径，是为各级审判机关所关注的，它们会定期汇总数据，进行分析。

也就是说，即使不成功也会被分析，因为上级法院非常清楚，有很多不改判，并不是抗诉抗得不准，只是下级法院就是不改。审判机关是非常清楚自身的问题所在的，检察机关就是在帮助审判机关发现这些问题。

正是这种问题发现机制，数据通报分析和问题标定机制，才是审判机关真正害怕的。他们不是怕检察机关抗诉了就一定要改判，而是害怕自己没有道理的不改判，进而被上级法院复查发现，因为纸终究是包不住火的。

为什么说控审分离是不可逾越的红线

近来，有不少案件中出现法官要求检察官增加指控事实和罪名，或者将指控的轻罪变更为重罪的现象，有时法官还给检察官施加某种压力，让检察机关不得不予以追加。

这并不是一个好的趋势，而是与以审判为中心的诉讼制度改革相悖的一种做法。

这种做法逾越了控审分离的界限，形成了"自诉自审"现象。

最直接地讲，辩护权实际上相当于被剥夺了，因为法官要追加事实和罪名，他自己能不这么判吗？他要是不想这么判，还费事要求追加干吗？如果他注定要这么判，那辩护还有什么意义？如果这个追加的动议其实是上级法院指导的结果，那就连上诉权也剥夺了。这样来说，审判程序也失去了意义。

欲加之罪，还说个啥呢？

这就是控审不分的可怕之处，这也是为什么将控审分离原则比作现代刑事诉讼制度基石的原因。

有了控审分离，也就是检察官和法官分设，法官才能居中裁判，辩护权才有地方施展，控辩才可能平等，这个审判才有进行的价值，那些复杂的诉讼程序和证据规则才有意义。否则"自诉自审"，什么程序什么规则能拦得住人的主观恣意？

这就需要将法官的审判地位与追诉的欲望隔离开，再着急也不能自己上手。这也就像检察官再认为自己有理，也不能自己审判。

法官一旦拥有了追诉欲望，就会有先入为主的观念，就会使审判结果与追诉内容捆绑，别人的话就听不进去了。那就不是有罪推定了，那就是有罪认定了。

有罪推定正是我们一直批评的造成冤假错案频发的重要原因，这还只是法官对指控意见的偏袒而已。如果这个指控内容就是法官所动议的，那何止是偏袒？简直就是八匹马也拉不回来的执拗。因为人都有强化自己立场的本能，谁都不愿意轻易否定自己。

尤其是指控定罪这么严肃的事，能开玩笑吗？所以即使错了，也很有可能一错到底。自己选择的路也往往看不到它的危险，因为自己已经陷入自己设计的局中。

人不能给自己看病，谁也无法做自己的法官，因为有了立场之后，就已经失去了中立的身份，不再可能进行公正审判了。

人非圣贤，作为个体的人不可能超越自己的欲望和利益，这也是刑事诉讼要创造控辩审三方构造，形成一系列复杂诉讼程序的原因，就是希望通过程序和不同角色定位的设置，形成利益和职权的相互制约。

法官没有追诉的义务和职能，也就不用对追诉的失败承担责任，所以就可以放手裁判，居中裁判，不偏不倚。

这也是以审判为中心的诉讼制度改革追求的目标，也就是通过控辩双方的充分博弈，让法官保持中立，洞若观火。博弈得越充分，看得也就越分明，这也就是庭审实质化的内涵。但它的前提是法官保持中立，与控辩双方都没有利益纠葛。

以前偏袒控方，搞有罪推定，是理念问题，推进以审判为中心的诉讼制度改革也是在解决这个问题。之前的偏袒和有罪推定也只是一种理念，还没有完全把指控的输赢作为一种审判利益来维护。

但是一旦法官要求追诉，就相当于在控方那里投资入股，指控的输赢就与审判利益攸关了，那结果还有什么悬念？

如果连检察机关都不十分情愿改变指控意见，那就说明它们对追加指控的内容不是很有信心，就是连指控的标准都没有达到。这个时候通过施加压力形成的追加，就相当于把侦查关、起诉关都没过的事实，直接拿过来判，这是不是有点过于放松定罪标准了？

这种不靠谱的指控，在辩护方火力全开的情况下，是不太可能获得有罪判决的。

也正是我们多年来推行以审判为中心的诉讼制度，不断向侦查前段传导不断提高的审判标准，才使有些事实和罪名，在侦查、起诉的时候被掂量一下能不能往前走。通过审前程序的过滤，可以消减掉很多不靠谱的指控，从而也让当事人减少了很多讼累。

这本来是我们推进以审判为中心的诉讼制度改革的阶段性成果，现在反而被法官要求追加起诉的方式破坏掉了。

法官想审什么就要求起诉过来，这一定不是以审判为中心的内涵，这是以审判为中心的诉讼制度改革所坚决反对的。

以审判为中心绝不仅仅是要求指控机关的依法指控、辩护权利得到充分保证、庭审实质进行，更重要的是法官要依法审判，要在指控的范围内审判，不能逾越控审分离的界限审判。在指控方面不能有自己的利益和欲望，不要把指控当作自己的事，而是应该将审判当作自己的事。

因为，我们深知，法官一旦逾越控审分离的界限，就不再是一个中立的裁判者，他就会成为披着法袍的追诉者，这不仅是被告人和辩护人的噩梦，也是所有人的噩梦。

职业选择的理性与非理性

扪心自问，我们选择职业的时候是理性的吗？

未必吧。

虽然知道很多的道理，进行了理性的估算，甚至请教过一些前辈。

但是真正影响我们的因素，有时也未必是理性的。

就像我们经常想不通一些人的选择，明明在前途未卜，甚至待遇降低，乃至发展路径也可能受阻的情况下，他们还是会选择改变一下职业轨迹。

我们之前也分析过体制内外、检法有别、进化路径等问题，如果仅仅从这些路径选择上看，那当然是人各有志，也有利弊如何权衡的问题。这样来看，主要还是在理性的层面讨论。

但是在这篇文章中，我想分析的其实是一些非理性的因素，看看有哪些非理性的因素影响了我们的职业选择。

我们经常说，活着就是为了一口气，在有些地方就是憋气，所以一赌气就离开了。

当然，表面上还是可以找一些合理化的理由的，比如换个环境，时间长了也想动一动……这些往往是一种借口。更加真实的理由就是一口气，就是憋气，不顺心。

那这口气是什么？

1. 尊重

也就是人格得到尊重，有尊严感，这也是人之为人的基本需求。

尤其是现代社会人人平等的观念深入人心，被尊重越来越成为一种基本需求。

任何人都不愿意被呼来喝去，被人颐指气使。

这样一定会影响人们的职业感受，宁愿不挣这个钱，也不受这个气。

不愿受这个气，就是渴望被尊重。就是把人当人的尊重。

当然了，这个尊重如果理解为永远也不能说我、批评我，那就又走入了另一个极端。

这也是缺乏挫折教育的表现，也就是养成了一种"玻璃心"，还批评不了了。

这就不是尊重不尊重的问题了，而是抗挫折能力的问题，与尊重无关。

我们确切地知道，有些时候确实存在不尊重人的现象，这就是用人环境的问题。

这里说的是尊重人才的那种尊重，反思一下，我们真的尊重人才吗？还是我们只是用人之才，但并不真正尊重人？

2. 公平

也就是自己的能力、业绩、贡献能够得到基本的认可。这里指的是系统性、体制性的公平、透明、广泛的选人用人的机制，希望能够唯才是举，而不是仅仅是用人唯亲。

这些人才希望自己的付出能够被看见、有意义，自己能够得到成长。

有些地方的用人政策就是让人摸不着门道，好像跟你干得怎么样完全没有关系，这样的导向就很不好。让人觉得很泄气，有一种无力感，干得没有劲，就想着离开。

因为人是需要激励，才会不断付出的，所以这个时候的气，是打气的气，是一种鼓励。

公平的用人环境就需要制度化的激励制度。有时领导用了一个不如自己的人，那就不是仅仅是不公平了，还会有一种羞辱感，是对自己才华和信念的羞辱。

这个时候的气，就是生气的气了。

如果长期得不到激励和鼓励，那他就会去找那些赏识自己的人和地方了。

3. 赏识

赏识是个性化的，是制度化激励的补充。

因为制度有时是僵硬的，是需要人来实际操作和推动的。

想要进步，除了选贤任能的制度之外，还需要有人实实在在地举荐和提携。很多时候，这个人就意味你具体的职业前景，也会成为你选择或者离开一份职业的具体原因。

所谓士为知己者死嘛，所以赏识的动力是无穷的。

赏识是一种信任和激励，会不断给出正面的反馈，同时也会为了你的进步而奔走。真正的赏识一定是有实际的行动的。这就叫领导推着你往前走，在你自己考虑之前，他已经在考虑你的前途，并有实质的推荐。而且这些也是你能够看得出来的。

当然，赏识也是有真有假的，工作时间长了，你也会分辨出哪些是真赏识，哪些是口惠而实不至的。

如果制度靠不住，人也靠不住，那感觉就没有了发展的空间和希望，就必然会向外部寻找空间和希望。即使外部的空间仍有很多的不确定性，甚至风险非常大，乃至短期内会降低待遇，但只要有欣赏自己的邀请就很容易动心。

所以挖人的时候，第一句话不是说我这里待遇怎么样，而是问：你现在干得开心吗？

人在很多时候都没有那么理性，比如婚姻对你很重要，但是你的选择就一定是理性的吗？

你可以说那是因为爱情，有荷尔蒙的冲动。但是你也知道，婚姻不仅仅是爱情，还有更长远的责任，它要比工作还长久，而且更不容易"跳槽"。

相比之下，工作要现实一些，毕竟是一种谋生的手段，也是实现自我的方式，是想要成为一个什么样的人的路径，涉及人终极的价值追求。它体现了人跟周遭世界的关系，体现了人的存在价值本身，也体现了为什么活着的问题，能不重要吗？

非常重要，所以我们也非常慎重。

但是我们也不愿意仅仅把自己当作一种工具，更不想别人把我们当作工具。干活的时候找我，提拔的时候不找我，时间长了，我也就不会傻干了。这样一来，不仅是不能挖掘出我的价值和潜力，甚至我就不想跟你干了，我希望跟那些更加认可自己价值的人干，去找那些更能实现自我发展的行业和岗位。

那什么叫更加适合自己发展？什么叫更有前途？这很难说清楚，没有一个算法可以把这些利害彻底算清楚。

但是开不开心自己很清楚。虽然以后开不开心也不十分确定，但是现在的不开心一定是很确定的，那就很容易引发职业的二次选择。

如果你的这种开不开心别人根本不在意，那就更加说明你连起码的尊重都没有得到，就会促使有的人即使没有合适的机会也会选择离开，这种离开在有些人眼里是非理性的，是赌气走的——也许等两年就很可能有发展机会，虽然这种机会他自己也是知道的。

但就是不想等了，实际上就是对现状已经不想忍了。他就是想用离开表明一个态度。

通过离开，尤其是有了更高的平台之后离开，也是想证明自己的价值和能力，证明还是有人想要自己的。这本身也是一种自我的激励，对自我价值的肯定，也是对别人否定自己的否定。

人，不就是为了意义而活吗？

所谓的职业选择的理性和非理性，不就是为了意义两个字吗？

而这个意义，不仅仅是虚幻的前途和未来，也是当下的被尊重、被赏识、被认可。

至于这些是理性的还是非理性的，又有什么分别？

第三章

趋势

重构刑事强制措施体系的数字化契机

刑事强制措施是国家为了保障侦查、起诉、审判活动的顺利进行，授权刑事司法机关对犯罪嫌疑人、被告人采取的限制其一定程度人身自由的方法。很显然，为了保障刑事诉讼活动的顺利进行，刑事司法机关必须享有对犯罪嫌疑人、被告人采取强制措施的权力。

按照强制力的由弱到强，强制措施依次分为拘传、取保候审、监视居住、拘留、逮捕，这五种强制措施就构成了一个体系。

1. 强制措施格局的演变

我 2004 年刚上班的时候先到的是批捕处，当时刚改名为侦查监督处，所以对强制措施比较熟悉。在十多年前很少有取保的案件，基本都批捕，批捕之前是拘留，也就是羁押成为刑事诉讼的常态。

只有证据实在不好的案件，才会取保，因为取保就意味着很难监管，也就会影响侦查以及后续的诉讼。

为了避免这种不利影响，极特殊的情况会采用监视居住，但是成本太高了，需要很多人轮流守着，一般情况是不会用的，当时有个别自侦案件用过。

所以在当时的强制措施体系中，羁押是占压倒性优势的，非羁押为例外，监视居住是例外中的例外。当时我都怀疑监视居住到底有没有实际意义。

后来两个证据规定出台，证据标准逐渐提高，以审判为中心的诉讼制度改革逐渐发挥了传导性的效果，不批捕率逐渐开始提高，从原来的几个百分点，到后来的十几个百分点，相应地取保候审就开始多了起来。主要是证据不足的不捕多了，当然无逮捕必要不捕的也开始多起来，但增长得不快。

这个传导作用一旦开始，侦查机关就会受到影响，这样取保直诉的案件也在增多。

但是取保候审的监管机制跟不上，很多时候还是有不能到案的情况，不能保证到案成了老大难问题。很多时候法院给取保的被告人打电话，如果打两遍还不接，那就直接不收案。

为了保证诉讼顺利进行，一些轻微案件就开始用起了刑拘直诉。虽然刑拘直诉在法律上还是有依据上的不足，在学术界也很受争议，但确实解决了取保案件被告人不到案的问题。

虽然降低了逮捕率，但是羁押率并没有降低，原因就在于刑拘直诉，根子是取保候审的监管不到位。

一开始刑拘直诉还不是那么普遍，因为这么轻的案子并不多，也办不了那么快。

但是到了危险驾驶入罪，再加上速裁程序试点，刑拘直诉的适用比例得到了极大的提高，本来是侦查初期的强制措施，现在变成了整个诉讼流程的羁押措施。

从此拘留成为"小逮捕"，但是审查决定机制比逮捕措施简单了很多，侦查机关自行决定就可以了，这就使其获得了旺盛的"生命力"。

这也是轻罪羁押率下不来的原因，因为刑拘直诉好用，便捷，也提高了效率。

但是它带来的问题就是短期自由刑的增加，羁押率下不来，非监禁刑的比例也就上不来，两者是具有相关性的。

短期自由刑的居高不下不仅影响刑罚的效果，影响犯罪人的复归，同时也使认罪认罚实体从宽与程序从宽相结合的作用以及消戾气、促和谐的功效无法充分发挥。这也是认罪认罚案件上诉率一直无法有效降低的重要原因。

因为一个自由人确实很难在"里边"待得住，但如果是非羁押，又不是监禁刑，谁会没事儿来上诉？这是非常浅显的道理。

但是这个浅显的道理，由于非羁押措施给司法机关带来的失控感，始终不容易被充分理解。

2019年7月13日，我在"中国法律评论"公众号上发表了《电子手铐有利于降低审前羁押率》的文章，也是在呼吁通过大数据和信息化手段解决非羁押措施的监管失控问题，从而降低审前的羁押率，进一步降低短期自由刑的适用率。

没想到，杭州检察机关和公安机关往前又迈了一步。它们借鉴了健康码的一些工作原理，出台了非羁码，进一步降低了监管的成本，而且更加私密，相比于电子手铐，它的强制性弱了一层，但是效果目前来看不错。（参见：《非羁码：杭州非羁押犯罪嫌疑人数字监管时代来临！》，"浙江检察"公众号）根据这篇报道，随着非羁码的试点运行，杭州市西湖区的不捕率由 2018 年的 17.1% 大幅度提高到 2019 年的 44.6%。这个比例随着非羁码的进一步推广，还有进一步提升的空间。虽然这里没有体现刑拘直诉的问题，但我认为非羁码可以在相当大的程度上解决这个问题。

2. 刑事强制措施体系的重构

目前，非羁码很有推广前景，它利用了健康码在疫情期间的普及所搭建的基础设施和用户使用习惯，很巧妙地搭了一个便车。如果不搭车，单独建设这样一套系统的成本是惊人的，因为这个系统的成本不在于终端，而在于后台多个系统的协同支持和打通。健康码相当于建了铁路网，非羁码是利用它跑自己的火车。

除了健康码系统之外，非羁码还需要依赖政法一体化系统和杭州的城市大脑系统，这些也都是巨大、庞杂的基础设施。

因此，非羁码不是一天建成的，它是杭州持续数字化的产物，它是一个结晶。如果要配套，这些系统都要打通和解决。

随着大中城市普遍推进智慧城市建设，这些不应该是问题，而应该是趋势。

所以非羁码不是一套码，它是一套系统。

非羁码不仅是技术系统和管理系统，它还直接触动了刑事强制措施的体系，导致目前拘传、取保候审、监视居住、拘留、逮捕这五类强制措施的重新布局。

如果非羁码能够在强制措施的份额中占到50%以上，那它就会在强制措施体系中拥有一席之地，其他强制措施的功能也应当进行调整。

实际上，非羁码的目的就是取代传统取保候审的监管方式，所幸就干脆起一个名字，叫"手机端数字监管"，用以定义这种监管方式。

这种监管有人脸识别打卡等方式，主要是管手机，再通过手机管人。这与健康码是一个道理，因此也可以说是相对放松的，当然还是比传统的监管方式要强很多。因为大部分人还是手机不离身，所以用手机就可以把大部分嫌疑人管住了。

但是由于非羁码推广的方向是10年以下有期徒刑的案件，

这些嫌疑人虽然有些认罪认罚，但根据犯罪性质，有些人的人身危险性还是比较大。

想用非羁码完全解决问题就不够了，就有必要配套使用电子手铐，起个名字的话，可以叫"可穿戴电子设备监管"。

这里也有所谓影响隐私的问题，但是考虑到人身危险性，既然是刑事强制措施也不能太过于保护嫌疑人的隐私，还是要在隐私与安全之间做一个平衡。

可穿戴电子设备监管，也就是传统意义上的电子手铐，可以作为比非羁码强制性更强一些的非羁押强制措施使用。可穿戴电子设备监管可以和非羁码共同使用，这里不存在强制措施重复使用的问题，因为其作为监管手段可以复合使用，当然也可以单独使用。

通过电子设备的使用，可以在一定程度上解决监视居住的问题，借鉴电子手铐和非羁码的工作原理，可以通过电子监管和数字监管的方式，为嫌疑人设定一定的生活区域和接触人员规则。在无人现场监管的情况下，实现线上的监视居住。从而通过技术手段改造传统的监视居住方式，适合那些不宜允许其大范围互动的危险犯罪嫌疑人使用。

通过上述电子监管措施的适用，逮捕率就有可能降低至10%以下，从而实现逮捕的例外化。这样看，目前的逮捕标准就已经不太适宜了，有必要进行调整，比如不再是判处有期徒刑以上刑罚，而应该是判处有期徒刑 10 年以上刑罚。

虽然拘留在侦查初期还是有些价值的，但是作为长期诉讼过程的强制措施就已经不合时宜了，也就是"小逮捕"的非正常状态应该彻底终止，从而彻底废除刑拘直诉的使用。

通过手机端数字监管措施（非羁码）和可穿戴电子监控措施两者对取保候审的改造，实际上就是将取保候审一分为二，形成强制力强弱有所区别的两种非羁押措施。当然，取保候审的相关规定仍然要遵守，只是形成了两种不同的强制措施。

监视居住经过电子监管的改造，已经非现场化，也不再是之前的监视居住了，可以更名为户内电子监管措施，综合使用包括可穿戴电子监控设备、手机端数字监管以及人工智能摄像头、传感器等多种监控设备，所以这不再是传统意义上的监视居住了。

在强制措施的格局中增加了三种新型的强制措施，几乎拆分和替代了原有的一些强制措施，逮捕强制措施的范围将极大缩小，拘留的范围也会相应缩小。考虑到新型强制措施的推广过程，以及各地区技术条件的配套过程，传统的强制措施在短期内还不能完全取消，还要保留相当长的一段时间，但是实质上会逐渐地减少使用，直到完全消亡。

那么总结起来，重构后的强制措施就应该包括拘传、取保候审、手机端数字监管（非羁码）、可穿戴设备监管（电子手铐）、户内电子监管、监视居住、拘留、逮捕（范围缩小）等，其中手机端数字监管、可穿戴设备监管、户内电子监管作为新型强制措施将逐渐取得主导地位。手机端数字监管会在轻罪中占到绝大多数，但是 3 至 10 年较重的犯罪中，可穿戴设备监管可能会占到一定比例。

在轻缓、高效、人性化和安全性等几个价值取向上，以手机端数字监管（非羁码）和可穿戴设备监管（电子手铐）为代表的新型强制措施需要实现一种新的平衡。

尤其是不同的城市和地区功能定位不同，在安全性的需求和承受力也不同的情况下，对强制力不同的非羁押强制措施的比例选择肯定也会有所不同。这里既有安全需求的不同，也有司法价值取向的选择，还有现实环境的考量。不得不承认的是，非羁押化、轻缓化、人性化等也是法治发展的趋势。

数字化无非是顺应这一趋势的产物，数字化的外衣下面是对人性的关注和尊重。

非羁码为我们创造了一个重构刑事强制措施体系的历史性契机。从这个意义上来说，它不仅是应用型的创新，还具有法治发展的重要意义。

新型强制措施的基本问题

我在《重构刑事强制措施体系的数字化契机》一文中提到，由于非羁码的落地，可能引发强制措施体系的重构，从而在原有的五种强制措施之外，又增加手机端数字监管（非羁码）、可穿戴设备监管（电子手铐）、户内电子监管三种新型强制措施，形成八种强制措施并存的新格局。

新型强制措施与传统强制措施肯定还会存在内容上的交叉关系，并且对拘留和逮捕的标准也会产生一定的影响。尤其是逮捕的适用目前一律定在有期徒刑以上刑罚就会显得明显偏低了。

由于新型强制措施有着成本低、效果好、容易推广等特点，可以想见肯定有着很大的推广前景。尤其是非羁码搭上健康码的顺风车，从接受度来讲更加容易，公众和领导层都更加容易接受和理解，并且可以直接享受已有的信息化基础设置，比如智慧城市、5G 技术、大数据技术等。

某种意义上这算是司法工作的新基建。可以将原本很多用于修建扩建羁押场所的一部分资金，用于解决更多的诉讼保障问题，而且还能降低审前羁押率，与司法趋势相吻合，同时有利于判处非监禁刑和犯罪人的社会复归，何乐而不为？

我们高兴之前，还是要慎重地讨论一下新型强制措施的基本问题。

1. 法律制度问题

目前，新型强制措施的实施普遍处于一种空白地带。但是我们知道，对人身自由的保障是宪法性权利，宪法明确规定，公民的人身自由不受侵犯，禁止非法拘禁和以其他方法非法剥夺或者限制公民的人身自由。

使用非羁码作为取保候审的监管措施，虽然是没有羁押的，没有直接剥夺人身自由，但是否属于以其他方法非法剥夺或者限制公民的人身自由，需要讨论。

我想，剥夺是谈不上的，因为毕竟在"外边"，但是限制人身自由是可能有的。那这是否属于"非法限制"，就需要进一步研究，因为关于新型强制措施并没有法律的明确规定。

根据宪法的精神，剥夺和限制人身自由的行为是需要法律明确规定的，不能任意创设。

所以，我们的初衷是好的，是想尽量地保障人身自由，降低审前羁押率，但是这种非羁押措施的监管方法还是会触及限制人身自由的问题，这个应该慎重。

至于可穿戴设备监管（电子手铐）对人身自由的限制就更不用说了。

因此，考虑大范围推行新型强制措施的时候，有必要采取试点立法的方式。参考速裁和认罪认罚制度，可以考虑在一些试点城市，也可以再次选择之前的 18 个城市，试点新型的强制措施，进行探索、评估后，再正式立法，将其纳入刑事强制措施的制度体系之中，并对逮捕标准进行必要的调整。

在新型强制措施立法试点的时候，就可以直接提高逮捕的标准，比如要求 3 年以上，或者 10 年以上，有人身暴力危险性等条件，采取电子监管措施不能保证诉讼顺利进行的。

通过立法试点的方式可以解决新型强制措施法律依据不足的问题。

2. 隐私权

以往取保候审的问题是失之于宽，有些时候都会感觉这项措施形同虚设，被取保人处于无人管理的状态。

电子监管可以填补这些空白地带，但是电子监管的问题是没有死角，24 小时不间断。这样势必触及嫌疑人的隐私，比如影响其正常的家庭生活。

对于这些必要的个人隐私，有没有必要保障？是不是因为是嫌疑人，就不允许其有任何的隐私？不管去哪儿，手机也不能离身？那洗澡时可不可以离身？睡觉时手机是不是也要放到边上？是不是有可能连共同生活的家庭成员也一起给监控了？

如果这些都不监控，只是像健康码一样到一些特定场合才刷一下，或者每天只要通过刷脸的方式打几次卡就行了，其他时间完全不用管，那这又与监管的属性相背离，无法保证监管的及时性。

监管的及时性与隐私权怎么保持适当的平衡，这也是需要研究的问题，而且应该是通过法律进行规范的。

3. 尊严权

在谈到非羁码优点的时候，我提到相比于电子手铐，它具有更强的隐蔽性，能够避免让他人注意到自己是一个嫌疑人，避免电子手铐成为一个侮辱性的标签。这里面就涉及了尊严权的问题。

戴电子手铐还是远远好于戴金属手铐的，因为很多人对电子手铐并不了解，并不确定那一定是电子手铐，而且通过必要的穿戴是可以遮挡的。现在的电子手铐完全可以做到非常轻巧，类似于手环，并不需要十分厚重，这是工艺问题，是可以解决的。

一个类似于手环的电子手铐，和一个跑步的手环相比，谁又能完全分辨出来呢？

所以对于尊严权的影响，金属手铐与电子手铐不具有可比性。

相比于羁押，正常的生活和工作、与社会接触，才是最大的尊严。如果真的被羁押，与社会完全断开，虽然没有人见到你戴着手铐，但是对你产生的影响未必小多少。

人们只要悄悄耳语一番："进去了？""进去了"就完成了这个标签化的过程。

电子手铐在影响尊严权上的负面作用并不明显，但它保障监管及时性的作用要远远高于手机端数字监管。因为手机端数字监管，不管它起了什么名字，它监管的始终是手机，而不是人。人与手机之间还是存在分离的可能性的。

这种风险，就是未来电子监管需要高度关注的问题，这也就是电子监管的盲区。

4. 比例原则

新型强制措施虽然主要是非羁押措施，但是不同的措施在监管的强度上仍然会有所不同，它们如何平衡是需要我们研究的。

手机端数字监管，也就是目前的非羁码这种措施，实际上还是监控手机，与人有一定疏离性，因此就给人一定的自由度，这种措施主要适用于轻罪和过失类犯罪。

但是对于 3 至 10 年刑期中稍重一些的犯罪，尤其是有一定暴力性的犯罪，就需要再上一个措施。那就是电子手铐，必须要求你随身带着，洗澡都不能摘下来。以此保证监控的高度连续性和严密性，从而在不羁押的情况下，发挥无死角监控的效果。

也就是说，这些人原来是要羁押的，只是监管手段升级了，可以保证在不羁押的情况也不至于出问题，才变成不羁押的，也才能够保证诉讼的顺利进行。

也就是不能忘了降低审前羁押率的前提，还是要保证诉讼顺利进行，在安全和人权保障之间实现一个平衡。

对于再严重一些的犯罪，就可以考虑在本人住所设置必要的监控设施，同时辅之以可穿戴设备监管，实现强监管的效果。

新型强制措施的一大特点，就是可以通过复合使用多种手段完成监管任务，最大限度地实现不羁押。

虽然电子监管对人的依赖少了，但是监管的严密度却提高了。这样才能让人放心地把一些原来需要羁押的人放出来，进行电子监管。

当然，自由的代价就是对隐私权的保护有适度的让渡，比如户内电子监管，就会让户内的其他人员的隐私也受到影响。虽然我们不可以监管别人，但是你只要在这个区域活动，与嫌疑人进行接触，就可能被监控到，虽然是为了监控他，但是谁让你进入了画面呢？

对涉及嫌疑人及其家属隐私的影像和电子监控记录资料，应该进行必要的管控，避免对隐私权造成更大的破坏。

以非羁码和电子手铐为代表的新型强制措施，属于新生事物，有很多新的问题需要解决，这些问题与传统的强制措施有着根本性的区别。在解决这些问题的时候，难免触及人身自由限制的宪法性问题，有必要通过法律试点改革的方式，进行一揽子的整体推进，也有利于这项涉及刑事诉讼制度发展的战略问题在法治框架下妥善解决，从而促进这项制度行稳致远。

羁押率与司法文明

司法文明程度的标准比较模糊、抽象，不是特别好衡量。

如果说有指标可以作为参考，我想羁押率算是一个。

羁押率就是诉讼过程中羁押人数的占比。

是把绝大部分的嫌疑人、被告人都关在看守所里，还是允许其中相当的多数人不用被关在里面？这不仅仅是管理能力的问题，也是司法的自信心问题。

从目前的情况看，还是东部沿海发达地区的羁押率更低，一些经济欠发达地区的羁押率更高，因此羁押率似乎与经济社会发展程度有一定的关联性。

根本的原因是社会治理能力与社会经济发展水平存在正相关的关系。

司法作为社会治理的一部分，当然也会有所体现。

比如我多次提到的杭州的"非羁码"，并不仅仅是因为杭州是电商之都，有更好的智慧城市管理配套，更是因为当地的公众对社会承受能力更有信心，对社会治理能力更有信心。

二十多年来重罪比例持续下降，轻罪比例持续上升，后者目前已经达到80%以上，这是一个全国性的趋势，并不是发达地区独有的趋势。无论在哪个地区，这个趋势都是一样的。

但是不同地区在应对犯罪趋势上作出的司法反应并不一样，反应的速度也不一样。

有些地区的羁押率就已经下降到一半以下，有些地区还是绝大部分是羁押，这就是巨大的差异。

我们仔细算一下，80%以上的轻罪率，80%以上的认罪率，两者一乘，就是大约60%以上的案件是轻罪的认罪案件，这些人的刑期基本都在3年以下。

对这些人的态度，我们作何选择，反映了司法的面貌。

这些人如果不羁押，那就意味着更大可能的非监禁刑，而羁押就更多意味着监禁刑。

这些明明是轻罪，真的有必要都关起来吗？

有时候，我们也认为没有必要。

但是又能怎么办呢？

因为取保可能到不了案，那就意味着不能尽快结案，不能尽快流转，就会给自己带来麻烦。还有取保可能给自己带来职业风险：一般都羁押，你为什么要取保？你就要被猜忌、被复查、被问责。一旦这个人在取保候审期间再犯罪，你就有可能被追责，即使现在没事，但是以后他再犯罪，也会把责任算到你的头上，就要质问你当初为什么没有从严处理。

所以一律的羁押，从严处理，是最安全的。即使他以后再犯罪，也和你没关系了。即使影响了他的一生，也是他咎由自取。即使可能影响到他的家庭，在看守所里染上恶习，也没有人会质疑你的羁押是不负责任的。

即使你就是不问青红皂白地一律羁押，也没有多少人说你错。即使捕后判缓，也顶多是逮捕质量不高，是小错。而错放，就往往是大错，有着不可承受之重。

这看起来是我们对自己人没信心，其实是我们对整个司法体系没有信心。

因为一旦取保，就没有可以有效监控的手段了，就无法有效保障诉讼顺利进行。这一方面是缺少诚信保障机制，另一方面也说明我们缺少精细化的社会管理手段。

一个被取保候审的嫌疑人我们都管不住，我们还能管住啥呢？

但是我们也知道，有些罪的确太轻了。

我们只好形成一些非常粗线条的内部把握标准，比如外地人羁押，本地人不羁押，但这显然有地域歧视的嫌疑，不利于人才的吸引和聚集。而且这个标准往往体现为户籍标准，或者是否拥有不动产。由于很多的限购政策，正是因为没有户籍，而无法买房，那就意味着最终还是要回归户籍标准，这显然是非常落后和僵化的标准，根本不符合人员普遍流动的现实。

还有就是职业标准，无固定职业的羁押，有固定职业的不羁押。这显然比户籍标准要进步一些，但是由于对固定职业的定义过于狭窄，也有很强的局限性。

所谓的固定职业往往只限于公务员、事业单位或国有企业，现在逐渐扩大到大型的民营企业。在中小企业就职的、个体工商户、自由职业者，或者农民工往往都被认为是无固定职业。这实际上还是一种保守主义的观念，将犯罪主要群体归结于流动人口，对外来人口不是包容和接纳，而是以一种怀疑的眼光进行审视，生怕一取保就跑了。

虽然这些人不具有如此狭隘的固定职业，但也在一个城市生活了很长时间，虽然其所从事的工作流动性大了一些，但也没大到可以随时更换的程度，尤其是其在一个地区所形成的社会网络不是说变就变的。有些人的配偶也在同一个城市工作，孩子也在这个城市上学，这些能是说变就变的吗？

一个一两年刑期的轻罪，甚至像危险驾驶这样的罪名，最高也不过 6 个月的拘役，谁能为了这个连老婆孩子都不要了，就亡命天涯？

我们现在的流动性是大了，人口的迁移数量也增加了，但是我们要看到的是，社会的纽带也在增强，随着网络化、大数据的普及，我们留下的信息痕迹也增加了，我们也变得更加透明了。疫情期间的社会管理很大程度上就证明了这一点。

也就是我们正在从一个固守乡土的农业社会，经由大规模基础设施建设的工业社会，逐渐向人人互联、万物互联的信息社会过渡。

如果司法理念还是停留在农业社会时代，或者工业社会早期，还是固守于户籍、体制内工作等传统的管理模式，那我们注定会与社会的发展脱节，无法适应这个加速运转的社会。

我们的高羁押率体现为社会管理的静力学模式，我们所能够接受的是一种非常低的社会运转速度。放在看守所里就安全，放在社会上就危险，这就是我们的基本概念。

但是社会的运转早已开始加速，人是流动的，社会是一种动态平衡的状态，之所以社会可以承受这种高速运转，就是因为我们有了更多的制度设计，比如移动通信技术、移动定位、移动支付、社交网络、实名认证、人脸识别，等等。你可以拼命地奔跑，但是大数据尽在掌握。

刑罚的目的并不是隔离，最终犯罪人还是要复归社会。你把这个人隔离几年，他就很容易与社会脱节了，从而阻碍了他融入社会。他与社会的格格不入，就更容易引发他的对抗情绪。

比如，本来他有一份工作，一旦羁押，他的工作就没有了，而他家里的房租还需要他来交，他家里的房贷还需要他来还，把他抓了不要紧，他的老婆孩子谁来管呢？我们考虑过这个问题吗？

一个缺少父亲的孩子，一个居无定所的孩子……我们可曾想过这些现实对他的影响？我们可曾想过这个孩子长大以后对社会的影响？一个羁押，很有可能会导致一个家庭的解体，一张社会网络的撕裂。由于他"进去了"，无法与别人正常联系了，微信朋友圈不更新了，微博停更了，他的社会信用也会随之崩溃，即使他出来也很难接上了。

轻罪羁押对司法带来的微小便利，远远抵不上羁押带来的负面效应，这是一种得不偿失的司法行为。但是这个负面效应却无人考核、无人问责、无人追问。

越是文明的司法制度，就越应该追问：司法的意义何在？

我们到底是在弥合社会，还是在撕裂社会？我们到底是惩罚犯罪，还是在埋下隐患？

我们不能仅仅考虑当下的方便、省事，还要关注长远的司法价值和潜在的社会影响，要以更加包容的态度看待社会的变化，对社会的运行要有信心。

就像我刚刚提到的维系社会高速运行的信息技术，也可以帮助我们在取保的状态下，最大程度地约束嫌疑人的行为，让他在不脱离社会网络的情况下能够保证诉讼的顺利进行。当然，一旦违反取保候审规定，我们也可以第一时间知道，并有能力采取措施。

对于这一点，嫌疑人知道得也很清楚，在了解到技术能力的情况下，规则也变得更加严肃，所以也就更加容易被遵守，法律的威严是与其执行的必然性紧密相关的，那我们也就没有那么多好担心的了。

因为我们拥有了更加强大的社会治理能力，我们也会变得更加宽容和包容，因为我们知道即使宽缓的措施也没人敢冒犯。而且宽缓的强制措施可以让教育与惩罚、强制和复归、打击和保护能够更好地平衡，从而让司法变得更有自信。

自信也是一种能力，体现了更高的文明程度。

在这里我大胆预测，审前羁押率很有可能在 5 年内降到 50% 以下，而那将是司法文明的又一座里程碑。

司法领域的判例法倾向

我国是成文法国家，但近年来司法领域却越来越呈现出判例法趋势，而且这种趋势还越来越强烈，确实值得我们关注。

比如两高先后发布了多批官方的指导性案例，《刑事审判参考》多年来更是积累了上千件案例，这些案例有些就直接在判决中被引用。除此之外，还有各级司法机关自己评选或发布的更多的典型案例。

近年来普遍推行的判决书公开，也为法律界提供了大量的案例素材，这些判决经过众多法律知识服务商的分类、编辑、整理并提供检索服务，可以让法律人非常方便地检索到类案的判决，有时候就直接作为辩护的依据，甚至判决的依据。

最高人民法院更是于 2020 年 7 月 26 日印发了《关于统一法律适用加强类案检索的指导意见（试行）》，为判例的引用确立了规则。

1. 判例法与成文法的关系

该意见第9条明确规定："检索到的类案为指导性案例的，人民法院应当参照作出裁判，但与新的法律、行政法规、司法解释相冲突或者为新的指导性案例所取代的除外。检索到其他类案的，人民法院可以作为作出裁判的参考。"可见，最高人民法院已经明确将判例作为裁判依据，某种意义上也是在为判例法的合法性地位正名。

而且我们注意看其中关于判例法与成文法关系的表述，判例法的效力并非低于成文法一等，并不是判例与"法律、行政法规、司法解释相冲突"的除外，而是与"新的"法律、行政法规、司法解释相冲突的才除外。

由此可见，司法机关实际上将判例法与成文法置于同等的法源地位，只有在判例之后的新法调整了旧判例所蕴含的规则，才实质上废止了判例的有效性。

这与成文法中新法和旧法的关系是一样的，这就相当于将判例法拉入了既有的成文法体系做整体考量。

同时这也暗含了这样一个倾向，当新的判例与旧法发生冲突的时候，实际上是适用新的判例，而不是适用旧法，虽然意见并未言明，但是可以从其表达的逻辑合理地得出这个结论。

这也就表明了，判例法与成文法并无高下之分，只有新旧之别。

后面这一句"为新的指导性案例所取代的除外"，也表明判例法自身适用的规则，也是新判例优先。

这里面提到判例法与成文法的效力并无高下之分，也是从该意见所做的推断，并非说明判例法已经完全可以与成文法平起平坐，可以获得创制法律，甚至创制罪名的权限，这些仍然还是成文法的统治领域。

不得不承认的是，成文法的条文之间有很多缝隙，不同的成文法之间甚至还有重叠、矛盾甚至含混的情况。如果这些都由成文法自己修补，一是来不及，二是可能越修越复杂，越修越乱。

不得已的，才需要判例法发挥一些微观、定点的修补作用，对一些含混进行厘清，对一些重叠进行梳理，对一些矛盾进行辨析，甚至可以提出一些细节性的规则，将一些大的法律逻辑讲通。这些细小的规则也是"法"，这些将原来讲不清楚的法讲清楚了的规则更是"法"，而且是明白的法，是察微析疑的法。因为这些规则依托于案件，是有语境的法，是蕴含着真实逻辑、真实规则的活生生的法，所以是更接底气、更讲理的法。

这些判例法的特性构成了其合理性，而这些案例又经由最高司法机关通过一定的程序筛选出来，实际上就获得了与司法解释相当的成文法地位。你可以把这些判例所蕴含的规则当作个案性的司法解释来看待，但它们显然比一般性的司法解释更好用。

2. 判例法的规则

根据意见的规定，判例的范围包括两大类：

一类是最高人民法院发布的指导性案例，这种案例一旦被查找到，那就是"人民法院应当参照作出裁判"依据，实际上相当于强制援引。因为前文已经分析了，这些案例就相当于个案的司法解释，所以它就与司法解释具有相当的效力。

另一类，包括最高人民法院发布的典型案例及裁判生效的案件，本省（自治区、直辖市）高级人民法院发布的参考性案例及裁判生效的案件，上一级人民法院及本院裁判生效的案件。理论上包括所有案件，范围非常广，但其实并不是，比如其他同级法院的案件就不能随便引用，一定是上级院或本级院的案件，或者被评选为最高院或省级院的典型案例才可以，就相当于这些案例所蕴含的规则获得了上级法院的认可，并通过适当程序予以确认和公布才可以。

这也相当于判例法的创制规则，即分头创制、上级确认、下级适用，上级判例下级遵循，本院判例本院遵循。

同时还有一个规则就是，这些不同层级确认的案例在适用效力上存在差别，以指导性案例为最高，其次是最高人民法院发布的典型案例及裁判生效的案件，又次为本省（自治区、直辖市）高级人民法院发布的参考性案例及裁判生效的案件，再次为上一级人民法院的案件，最次为本院生效的案件。这些遵循的次序体现了下级法院对上级法院权威的尊重，也体现了法律的统一实施原则。

这个判例法规则还只是判例之间的规则。面对成文法，如果仅有的判例层次很低，而且有别于成文法，但是法官却认为判例更合理，基于意见给出的适用规则，就可以参照适用判例法规则，而舍弃成文法规则。

也就是判例法所产生的层级可能比较低，但是其适用效力未必低，其对判决所产生的影响未必小。

这就是判例法的真实威力，细小、琐碎但是具体、实用，因此也管用。面对那些空洞无物、脱离实际、形式主义的成文法，这些卑微的判例就显得更有杀伤力，从而对司法运行产生越来越大的真实影响力，它们是真实的法，活的法。

在法源的竞争上，就像民营企业面对国企一样，判例法通过解决问题的方式越来越体现竞争力，这也是判例法倾向越来越明显的原因。

真实的情况是面对发展节奏越来越快的经济社会，成文法传统的生成机制越来越无法及时跟上时代的节奏，只能让判例法先顶上。即使成文法好不容易跟上来了，也还是需要新一轮的判例法顶上，这也是判例法越来越多的原因。

因此，那些拼命书写判决的法官，就不仅仅是在写判决，也是在书写以后能够真实应用的司法规则，卓越优秀的判决近乎在"造法"。以前我们还觉得这是天方夜谭，但这就是当下的司法现实。

判例法的趋势越是明显，法官通过书写判决来"造法"的动力就越足，而这个动力一旦超过了成文法的造法动力，那就会达到一个判例法"奇点"，判例法可能就不再居于补充性的地位，而会占据主导性的地位。虽然这个"主导性"的地位几乎永远不会被成文法所承认，但是在现实中我们都能感觉到其真实的存在。

当然，现在判例法距离"奇点"还比较遥远，但是这个趋势并未改变，而且我感觉这个过程还在加速。《关于统一法律适用加强类案检索的指导意见（试行）》的出台就是一个证明吧。

3. 审判权的强化

法官"造法"是在强化审判的中心地位。我个人认为，目前来看这可能比庭审实质化对以审判为中心的诉讼制度改革的推动作用更大，前者是一种润物细无声的改革和推动，而且是滚动式的、指数级的推动方式，它以我们看不见的方式进行裂变式扩散。而且付出的成本很少，外界的阻碍和干扰也不大，是通过书写判决这个相对封闭的方式完成的。虽然它仍然受到内部审判管理制度的约束，但是外在因素很难干预和介入。

比如其通过判例范围的确认，屏蔽了检察机关的指导性案例。同为最高司法机关的指导性案例，意见中只讲到最高人民法院发布的指导性案例才是"应当参照"的。最高人民检察院发布的案例连"可以参照"都没有算上，因为意见中规定的其他案例也仅限于审判机关确定的典型案例、案件。

意见以垄断判例法法源的方式，强调了审判的中心地位，也就是如果你要引用，最好引用法院的指导性案例，那判决就"应当"要回应你，其他案例是"可以"回应，而这个"可以回应"可能更多的也是各级法院的案例。这就生成了一个信号：如果找判例，那就从法院的案例库里找。进而产生法院生产判例—筛选判例—适用判例的效果，也就是法院在微观的法律规则制定上拥有相当的话语权。

既然判例是"活的"法律，而判决就是"造法"，那审判就不完全是适用法律，它也是在制造规则，而其所制造的规则也不断被自己援引，甚至优先援引，至少是与成文法相当程度的援引，在依据判定上具有相当的效力。这样审判机关就不仅仅是拥有了司法系统中的中心化地位，甚至"出圈"与立法权形成一定的竞争关系。

立法不能及时跟进的时候，成千上万个职业法官就可以用其智慧填补法律空白，解决法律分歧，确立微观法律边界，并以此作为职业成就。这样的动力就比立法的动议、酝酿、修改完善有着更加清晰、明确的利益激励机制和更加完善的法律智慧供应链。

这种微观的法律创制也会为成文法的系统完善提供基础素材，对判例的不断援引实践也相当于微观规则的试验田，从而为系统化规则的更新和重塑提供实验数据，有利于立法质量的提高。

而且法官"造法"的干劲也必将激发立法机关的干劲，从而形成社会治理规则的良性竞争关系。

判例法的援引机制也有竞争的意味，某个判例被援引得多了，早晚会成为最为重要的司法业绩，而且这种竞争能激发更多的创造性。预计不久，判决的被引用率就将与论文的被引用率一样重要。

判例法倾向并不可怕，也不是对成文法的打击，它是社会加速发展对规则创制的需要，其形成体现了良法与善治的良性竞争关系，这也类似于不同产权经济主体的竞争关系，都是有利于整体发展的动态机制。

从案例网到判例法

从长远来看，判例法确实是一个重要的发展趋势。可以说，它是我们司法制度的一头灰犀牛。

明明就在那里，但是大家好像都看不见。

但是，它的趋势已经不可阻挡。

之前，我是从最高法下发的《关于统一法律适用加强类案检索的指导意见（试行）》来谈这个趋势，现在我想从案例网这个角度再谈一下。

我之前曾经写过关于构建案例网的文章，没有想到这个设想现在正在变成现实，高检院正在策划构建案例网，不少法律知识服务机构也对这个概念发生了兴趣。事实上，不少平台早在几年前就开始部署和谋划了，只不过还没有形成太大的规模。很多时候，还是依附于判决公开网，说是案例，很多时候就是对判决书的分类。

判决书已经很大程度上发挥判例的作用了，只是它的可读性还不够强，不如审判参考中刊载的案例那么具有针对性和说理性，从而也就不太容易发挥它的指导意义。

类案指导意见和判例网的构建，可以说正在为判例法的发展铺就道路，相当于它的双引擎。

由类案指导意见建构了判例引用的规则，再由判例网提供基础性的内容素材，这个判例法之网就会慢慢编织开来。它与成文法的差别就在于，它是自组织的。

判例是司法官自己写的，自己引用的，自己推翻的，自己又再引用新的判例，这是它的新陈代谢机制。

同时，一个判例被引用得越多，就会越出名，越出名就会越被引用，这是它的滚雪球效应。

判例出名了，司法官也会跟着出名，也可以获得成长的机会，这就会引发其他司法官的纷纷效仿，也加入判例的编写大军，从而进一步扩大判例产量，这是它的激励机制。

判例越多，就越容易找到想要找的判例，这个判例库就越有价值，就越会被更多的司法官更加频繁地引用，从而增加用户黏性和判例的关注度，也会使得出名的判例在司法行业的含金量越来越高，赋予司法官以职业成就感。这些都会支撑他更加努力地提高办案质量，使案件形成精品，甚至典范，从而收获司法影响力。

这种司法从业价值观的改变，才是真正的司法责任制落地。衡量一个司法官的职业成就和业绩的标准，一定是他办理的案件有多少成为判例，以及什么样的案件成为判例，这些判例对司法工作带来多大的影响，而不再是所谓的综合能力。

这些对司法制度的良好效果，并非判例制度的初衷，顶多算是一种副产品。

也就是说判例的产生不是为了获得司法公信力，也不是为了落实司法办案责任制，只是为了解决成文法的局限性。

这个局限性在现代社会体现得越来越明显。

现代社会的变化越来越快，越来越复杂，越来越多样，而且这个趋势还在不断加速，但是与之相比，立法的速度远远跟不上变化。尤其是在法律适用中的空白、重叠、模糊甚至冲突之处，如何选择，让司法官很多时候莫衷一是，这直接影响了法律的统一适用。

这些年主要就是通过两高出台司法解释的方式解决这些问题，但是司法解释也一样有上述的问题，而且其出台周期也很难再缩短了。

最重要的是，成文法及其司法解释都是脱离具体语境的，在理解适用的过程中也容易产生歧义和偏差。

案例就能很好地解决这个问题。也许一个案例只是创造了一条有价值的规则，但这条规则是基于这个具体案例的，我们就可以很好地理解这个规则产生的背景和根源，从而对这条规则的适用有了更加透彻的认识。正因为有了具体语境，也就方便我们寻找相似的语境；正因为有了具体语境，就产生了对规则的定位功能，就不容易产生理解偏差。而且这种有故事性的规则，本身也更容易让人想起它，很多规则就是以所属的案例出名的。大家一想到这个案子，就能想到这条规则，同样一提到这条规则，也会想起这个案子，想起这个故事。

这样，案例就不再只是一个单纯的案例，它甚至可以产生衍生功能，可以使其中的司法逻辑通过引用的方式沿袭下去，就像一条法律规定一样。

虽然它不是法律，但它发挥了法律的作用，所以人们才说这是判例法。

在判例法国家，判例是明确可以创制法律的，而我们国家还不承认判例有创制法律的效力。

但是判例可以创制规则，可以弥补法律的漏洞，可以明确适用法律的标准，至少可以起到与司法解释相类似的作用。这即使不算大的规则的创造，也称得上是小的规则的创造。

正是这些微观的司法创造，才让已经落伍的法律在修改之前，可以得到最大程度的修补和完善，从而适应日益变化的社会。通过微创造的方式延缓法律的老化，填补法律修改和司法解释出台之前的规定空白，不致因为法律与实际过于脱节，从而影响司法的公正。

这种辅助性的作用不是偶尔的，临时性的，它将是长期和结构性的。

因为社会一定是越发展越快的，但法律的制定和修改的周期几乎是接近极限了，很难再有大幅度的提升。甚至可以说法律从其颁布之日起就已经过时了，而且从它颁布之日起，它的漏洞和缝隙还会不断滋生。

这是成文法的结构性缺陷，对此司法解释也无能为力。而且司法解释由于缺少具体语境，也会陷入与成文法一样的困境，同时还有合法性不足的先天性缺陷。

在这种情况下，判例法成为了没有办法的办法。

但是对于判例法的应用，对我们来说却是极为陌生的。

这也是《关于统一法律适用加强类案检索的指导意见（试行）》出台的原因，它首先要建立引用规则。

更为基础性的问题是，判例从哪里来？

很多人都把希望寄托于两高的指导性案例，可惜的是指导性案例的产量太低了，生产速度太慢，很多需要指导的地方都指导不到，实在是杯水车薪。

再加上省级的典型案例，稍微好一点，但是产量依然没有从根本上得到提升。

当找什么判例都找不到的时候，那判例的作用就很难发挥出来。

这就像一个图书馆，虽然书已经很多了，但还是找不到需要的书。这会产生一个什么样的结果？那就是迫使读者到外面买书，因为书店是开放的，尤其是网络购书平台，那更是应有尽有。而且只有应有尽有才值得留恋和寻觅，对于那些虽然积累了一定规模，但还是不能满足基本需要的案例库，可以说就是没什么用，也不会有人用。

如果十次有九次在一个案例库都找不到想找的案例，那我下次就不来了。那好不容易筛选出来的这几百个案例，也就因为光顾的客人太少，而无法充分发挥指导作用。

只有看的人多，引用得频繁，才会真的有用。

还有一个问题就是，每个案例只有部分的指导性，一个特定罪名的特定情形，只对办理此类案件的法律人有用，对其他更多的法律人是没用的。也就是说，即使有些案例引用的频次不高，受关注的范围不大，因此影响的范围也不大，但也不能说它没有用。这些就像一些针对疑难杂症的"孤儿药"，专治怪病。但是如果没有这些小众案例，那就不能满足大众法律人的小众口味，就只能说明不全。

这些小范围的指导案例往往难以登上特别高的平台，难以被评为全国指导案例或者全省典型案例，无法进入高等级司法机关的法眼，但是它们又确实有用，它们是法律界的分众传媒。法律界与社会一样，受众日趋分化，这些细分的受众就必然产生同样不断分化的法律需求。这些具体而有差异性的法律需求是海量的，是成文法所无法顾及的。立法中有不为特殊情况立法的说法，但是这个所谓的特殊情况，在实践中还是有着一定的规模，也需要具体地解决，也渴望获得法律的具体标准。

这种不为成文法所重视的个别的特殊情况，就需要被一个一个具体的案例所裁量和处理，这些具体的案例在特定的范围和区域就有着指导性，也就有了成为判例的潜力。

所谓判例无须问出处。

不是说只有全国指导案例、全省典型案例才是指导案例，那些落选案例，那些不起眼的怪案子，都有可能成为有价值的指导案例。

从其实用性来讲，每一个案例都值得尊重。

只要它对其他案件有参考作用，我们就要尊重它的指导作用。

案例是人写出来的，如果不写出来，还是没人知道。

这就是案例库的价值。

案例能够成为库，就必须拥有海纳百川的胸襟和勇气。

否则三五百个案例，怎么好意思说是库？也不值得建一个库，放在公众号上就行了。

只有海量的，成千上万的案例汇集过来，才可以称为库。

想要这样的规模，就必须降低案例发布的标准。可以降低入口，在案例等级提升的地方着重把关。重点在于筛选，但不能将案例扼杀在摇篮之中。

要允许每一名司法官发表自己认为有典型性的案例，并通过索引的方式让受众来选择、点评、转发，这相当于利用同行评价，用脚投票的市场机制筛选出优质的案例。

让那些受到欢迎、被大量引用的案例成为真正的全国指导案例。让那些只有少数人看，只有少数人用得上的案例，也可以存在并被检索到。

让每一名司法官的各种法律需求，在这个案例库都得到满足，这个满足就是能够及时准确地找到自己想用的案例，并且能够从这个案例中得到启发，能够帮助其解决困难的法律纠纷，帮助其明晰法律标准。

只有这样，这个案例库才能成为司法官的淘宝网，案例所创制的司法规则也才能通过这种大浪淘沙的方式得到真正的筛选和淬炼，从而形成真正有价值的司法规则。这些规则不仅可以影响当下的案件，也可以成为法律修改完善的重要参考依据，并最终被纳入成文法体系中来，从而对社会产生更加长久的影响。

这就是判例法与成文法的良性互动，也是可以展望的司法未来。

从上诉不加刑原则看法治的发展趋势

上诉不加刑原则是世界各国普遍采用的一项重要的刑事诉讼原则，自从 1877 年肇始于德国后，就在全球范围内得到了各国法律的确认，期间只有德国和日本在"二战"前夕将其废黜，在"二战"后又很快恢复。除此之外，这条原则在世界范围内都保持了极强的制度刚性，从未发生动摇。

上诉不加刑原则，在 1979 年我国《刑事诉讼法》制定之初就成为一条重要原则被写入法律，在四十年司法制度的发展过程中始终处于不断强化的地位，历经 1997 年《刑事诉讼法》大修，2012 年《刑事诉讼法》修正时，又通过"不得以发回重审方式变相加重刑罚"的内容予以进一步强调。虽然偶尔有一些反对的声音，但始终维持着强大的制度刚性，从未发生动摇，并随着法治发展的进程而不断被强化，已经深入人心，与罪刑法定等基本刑事法原则一样，被社会公众广泛接受和知悉。因而其不仅是一条刑事诉讼法原则，也是一条众所周知的法治原则。

1. 本质含义

《刑事诉讼法》第 237 条规定得非常清楚：第二审人民法院审理被告人或者他的法定代理人、辩护人、近亲属上诉的案件，不得加重被告人的刑罚。第二审人民法院发回原审人民法院重新审判的案件，除有新的犯罪事实，人民检察院补充起诉的以外，原审人民法院也不得加重被告人的刑罚。人民检察院提出抗诉或者自诉人提出上诉的，不受前款规定的限制。

关键是对该条第二款抗诉不受限的理解。所谓抗诉不受限是指检察机关抗轻判的案件，而非抗重判的案件。检察机关对一审处刑过重的抗诉是对被告人上诉请求的强化，而非法院加重判罚的支点。对抗诉不受限的理解要从刑事诉讼基本原理出发，从立法精神出发，不能据此加重被告人的刑罚。

全国人大常委会法制工作委员会刑法室分别于 2012 年和 2018 年对"上诉不加刑"条款中人民检察院提抗作为例外的问题做过三次解读，文字内容前后确实有所变化，但是含义没有变化，均表明检察机关认为一审判决处刑过重的案件，也就是"抗重判"的案件，不能作为上诉不加刑的例外，也就是不能违背上诉不加刑原则之意。全国人大常委会法制工作委员会刑法室编著的《中华人民共和国刑事诉讼法解读》（即 2012 年解读）中有如下解释：这里所说的"人民检察院提出抗诉"的案件，包括地方各级人民检察院认为本地人民法院第一审的判决确有错误，处刑过轻，提出抗诉的，以及被害人及其法定代理人不服各级人民院第一审的判决，请求人民检察院提出抗诉，人民检察院经审查后提出抗诉的案件。但人民检察院认为第一审判决确有错误，处刑过重而提出抗诉的，第二审人民法院经过审理也不应当加重被告人的刑罚。

全国人大常委会法制工作委员会刑法室主任王爱立、副主任雷建斌主编的《〈中华人民共和国刑事诉讼法〉释解与适用》（即2018年11月解读）则与2012年解读的相关内容完全一致。全国人大常委会法制工作委员会刑法室主任王爱立主编的《中华人民共和国刑事诉讼法释义》（即2018年11月解读）中解释：这里所说的"人民检察院提出抗诉"的案件，包括地方各级人民检察院认为本级人民法院第一审的判决确有错误，处刑过轻，提出抗诉的，以及被害人及其法定代理人不服地方各级人民法院第一审的判决，请求人民检察院提出抗诉，人民检察院经审查后提出抗诉的案件。

2018年12月解读与2012年解读的区别就是前者删去了"但人民检察院认为第一审判决确有错误，处刑过重而提出抗诉的，第二审人民法院经过审理也不应当加重被告人的刑罚"。但是关于作为上诉不加刑原则例外的"抗诉"只是限定为"抗轻判"的案件这句话，没有变化。这句话本身就可以表达出"抗重判"不属于"上诉不加刑原则"例外的意思。这里非常清楚地表明，作为上诉不加刑原则的抗诉不是所有的抗诉情形，而是只有"抗轻判"这一种情形，也就是检察机关认为一审处刑过轻，希望加重刑罚这一种情形。"抗重判"不加重刑罚这句话，只是作为补充而存在，虽然在2012年和2018年11月两个版本的解读中均存在，而2018年12月的解读将其删除，这也只是从语言表达上更加精炼，解读本身希望表达的内容没有任何变化，不可能得出"抗重判"也是上诉不加刑原则例外的结论。

2. 例外限定在"抗轻判"的原因

对例外的限定本质上仍然是保护上诉不加刑原则的实施，因为一般来说，被告人不会因为判得轻而上诉，如果检察机关在这个时候也认为判决判得重，那就说明控辩双方的目标是一致的。检察机关追求这个目标，既是客观公正立场的体现，不管畸轻畸重都要抗诉，也是帮助维护上诉人的合法权益。如果这个时候要来加刑，检察机关的抗诉就成了二审法院的加刑工具，不仅违背了检察机关监督的目标，也违背了上诉不加刑的原则。具体的理由有三点：

一是审判机关在检察机关抗重判时加刑，本质上是创设了控方立场，将违背控审分离原则。控审分离是现代法治的基本前提，上诉不加刑原则是控审分离原则在二审阶段的延续。检察机关与上诉人一致要求从轻处罚，二审法院却从重判处，从重判处依据的事实情节无法质证、辩护，势必形成法院既为审判机关，又为控诉者的"自诉自审"现象，有违程序公正的基本法理，逾越控审分离的基本界限，背离审判机关的中立性原则，并使辩护权和程序保障无从谈起，从而动摇现代司法制度的根基。

二是如果被告人上诉会被加重刑罚，将使上诉制度失去意义。变通的上诉加刑也不符合刑事诉讼法的立法目的，缺乏程序法的实质合理性。上诉不加刑原则是刑事诉讼法的基本原则，目的是保证上诉救济权的有效行使，从而有利于司法错误的及时发现，发挥的是司法制度保险丝的功能。如果被告人上诉会被加重刑罚，那就无人敢上诉，从而引发寒蝉效应。将会使冤错案件失去程序内的纠错机会，并且减损司法机关的公信力。

三是若二审对检察机关抗重判可直接加重刑罚，在被告人不上诉，只有检察机关抗重判的情况下，就会产生剥夺被告人对不利裁判的上诉权，显然违背司法公正，使被告人的权利无从得到保证。立法规定"抗诉不受限"的目的，显然不是指这种情况。这样会招致对被告人的极大不公，被告人被加重刑罚而缺乏救济途径，变相破坏了上诉不加刑原则，错误判决也将无法得到必要纠正，而且还会引起旷日持久的申诉再审。

四是若抗重判可加重刑罚，将使检察机关只能限定在追诉立场，不利于司法纠错和客观公正履职，不敢维护被告人的合法权益。因为一旦维护被告人权益可能适得其反，反倒可能使被告人被加重刑罚。这势必对检察机关维护客观公正的立场产生阻遏效应，即使检察机关明明发现一审判决量刑过重时，也不敢予以监督，无法履行客观公正的法律监督义务，对司法公正无益。

为什么《刑事诉讼法》要规定抗诉不受限制？因为以前，检察机关的抗诉很多都是抗轻判的案件，抗重判的案件很少，基于这种实践情况，立法作出了"抗诉不受限制"。但随着法治不断发展进步，检察机关司法理念不断转型，更突出和秉持客观公正立场，因此检察机关抗重判的案件不断增多后，司法实践的进步使得法律条文的含义仅从字面理解就变得不够准确了，因此全国人大常委会法制工作委员会刑法室在《中华人民共和国刑事诉讼法释义》中也进行了补充，以使大家对条文的理解更加准确，即抗诉作为上诉不加刑的例外指的是"抗轻判"。

此外，为了更深入贯彻上诉不加刑原则，2012 年发布的《最高人民法院关于适用〈中华人民共和国刑事诉讼法〉的解释》第 326 条规定：人民检察院只对部分被告人的判决提出抗诉，或者自诉人只对部分被告人的判决提出上诉的，第二审人民法院不得对其他同案被告人加重刑罚。2021 年最新发布的最高人民法院司法解释，将该条文调整为第 402 条，但内容完全一致。这一条也对"上诉不加刑不受限"条款进行了有利于被告人的限缩性解释。虽然与人大法工委刑法室的释义所针对的内容不同，但其所蕴含的人权保障和程序正义的理念和趋势是一脉相承的。

新时代，人民群众对公平、正义和法治有了更高的需求，司法机关理应满足这些需求。若抗重判也加刑，必然会使检察机关裹足不前，也难以满足让人民群众在每一个司法案件中感受到公平正义的要求。

3. 程序正义的独立价值

上诉不加刑的原则正是程序正义独立价值的体现，因为上诉不加刑的含义就是，即使是二审审理后发现实体上需要加刑，如果不能满足程序上的例外规定，也不能加刑。这就将程序正义置于实体正义之上，体现了程序正义的独立价值。

与实体正义不同的是，程序正义追求的不是一次性的结果，而是获得长期结果的可能性。与一次案件的实体公正相比，保障被告人上诉权的正常行使，确保更多的审判问题能够被及时发现，这对社会公平、正义的意义更大。如果因为一次所谓"实体公正"的结果，使得上诉人不敢上诉，检察机关不敢纠正法院量刑畸重的判决，失去了司法纠错的机制，可能导致冤错案件得不到程序内及时的纠正，长远看将严重影响司法公正的实现。两者权衡，程序正义的价值更大。这也是上诉不加刑等一系列程序正义原则确立的原因。

我们尽量追求实体正义和程序正义的兼顾，但是在不能兼顾的情况下，法律规定某些情况下就是程序正义优先。即使规定某些情况下实体正义优先，也需要遵循必要的程序，比如核准追诉制度。

这是因为与实体相比，程序具有更强的可操作性、稳定性和透明性，这是看得见的正义，这些特性也决定了程序具有强烈的正当性。实体正义的实现方式，很多时候只是自由心证，不容易将客观的判断和主观的恣意区分开，既不容易受到约束也不容易为人所知悉。因此脱离程序的实体正义，其公正性是很难把握的，也是不可靠的。

经过长期的司法实践，我们越来越发现脱离程序正义的实体正义无法保证自身的稳定性，也无法约束司法恣意。所以才有诉讼程序和规则，最高人民法院对程序正义的价值也进行了一再强调，只有严格落实程序，公正才会变得有希望。

2010年最高人民法院、最高人民检察院、公安部、司法部在《关于进一步严格依法办案　确保办理死刑案件质量的意见》中明确规定："人民法院、人民检察院和公安机关进行刑事诉讼，既要保证案件实体处理的正确性，也要保证刑事诉讼程序本身的正当性和合法性。在侦查、起诉、审判等各个阶段，必须始终坚持依法进行诉讼，坚决克服重实体、轻程序，重打击、轻保护的错误观念，尊重犯罪嫌疑人、被告人的诉讼地位，切实保障犯罪嫌疑人、被告人充分行使辩护权等诉讼权利。"同一年，两高三部还联合制定了《关于办理死刑案件审查判断证据若干问题的规定》和《关于办理刑事案件排除非法证据若干问题的规定》，也就是我们熟知的"两个证据规定"。2017年，最高人民法院又印发了《人民法院办理刑事案件排除非法证据规程（试行）》。

可以看到，对遵守诉讼程序的要求是最高人民法院一直以来高度重视并反复强调的，更是最高人民法院在案件办理中反复倡导的。只要违反了程序，公正的结果就会具有极大的不确定性。只要违反了程序，程序的作用就失去了，人性的恣意就无法得到约束。经过长期的实践，我们就将这种公正的不确定性视同对程序正义的破坏。我们在意的不是一次的结果，而是持续获得好结果的机制。

4. 在法律体系坐标系下理解具体的法律

《刑事诉讼法》第237条第2款没有对抗诉的性质作出限定，但是立法机关对此进行了充分的诠释，这是因为法条不是孤立的。所有法律的具体含义都是法律体系下的具体，脱离法律体系下的法条是没有生命力的，应该体系化地理解法律，回归立法的本意。

法律不是机器书写的软件代码，不可能写清楚每一个我们要适用的字和词，法律是由人书写的，由人实施的人类制度。因为自然语言难以避免的模糊性，所以才有举重以明轻，目的性解释、体系化解释等法律解释方法。机械理解法律所造成的机械执法理念已经受到社会各方的普遍批评，所以司法机关才提倡要结合常情常理常识处理案件，这不仅是实体法的要求，也是程序法的要求。上诉不加刑不仅是理论，也是常情常理和常识。

上诉不加刑是为了保障上诉权的行使，检察机关"抗重判"不仅是秉持客观公正立场履行法律监督职能，也是保障上诉权的行使，这既是常识也是常理。在这种情况下加刑，将法律条文理解为可以加刑，就是对法律的机械化理解和适用，不仅是在打击上诉权，破坏上诉制度，违背了上诉不加刑原则的立法初衷，也违背了常情常理和常识，违背了一般的公众认知。

5. 选择和取舍

面对这个分歧如何取舍，是最需要回答的问题。一种意见是实质地理解上诉不加刑，从保护上诉权的角度，将这个例外只限定在检察机关抗轻判这个范围，这也是人大法工委刑法室从 2012 年一直以来的观点。另一种观点是仅仅从字面上理解，既然法条没有明确，那不管检察机关抗轻判还是抗重判，即使是与上诉人的诉求一致的情况下，仍然可以加重被告人的刑罚。

对于这个分歧，我们怎么取舍？

那就要看我们对法律和法治如何理解。法律体现的从来都不是冰冷的逻辑，它体现的是价值观。价值观是法律的伦理基础。法律从来不是僵死的教条，也不应是冰冷的技术规则和行业术语，它应该是人们心中的信念。法律可以有深层的哲学基础，可以有严谨的逻辑规范，可以专业精深，但不应当违背常识和常理。这个常识和常理就是人们心中的价值观。说到底，法律是人们行为的规范，是人立足于社会的规范，而不是机器的规范，因此不能违背基本的公序良俗和基本价值观念这个底层逻辑。

上诉不加刑的刚性原则就是一种共识和常识。在推动法治进步的过程中，我们追求的是良法与善治。我们既要追求良法，也要清楚法律的滞后性和内容局限，然后以善治补之。

所谓善治，就是将情、理、法有机集合，以人性作为法治精神的检验阀，在严格的程序框架下追求实质正义，追求正义匹配的精准度和分寸感。以善治来补充法律滞后性、模糊性之不足，避免陷入机械执法的窠臼，也就是要体现司法与立法的有机互动，司法不是在机械地执行立法，而是帮助立法更好地适应这个变化飞速、日益多元的时代，避免背离立法者的初衷，并与当下的社会发展水平和社会文化发展方向相契合，从而更加深刻地体现法律的伦理基础和道义基础，让人更加心服口服。

上文提到的第一种观点所坚持的其实就是对被告人上诉权更加充分的保障，避免审判机关逾越控审分离红线，违背程序正义的基本原则。这是一种更高的追求，也反映了新时期人民群众对司法工作的更高期待。这种期待，是机械理解法条所无法满足的。

所以，我们探讨的不是上诉不加刑的原则，而是通过对这个原则的理解和取舍体现出的不同的法治理念。

庭审越来越实质化，还是越来越不实质化

近年来，司法系统持续推进以审判为中心的诉讼制度改革，按理说庭审应该日益的实质化，也就是标准更高、执法更坚决。反映在数据上应该是无罪判决率呈现提升的态势，但是真实的数据却是恰恰相反的。从二十年来的无罪数据变化上看，从2001年6597人，一路下行到2018年819人，无罪判决率从万分之88下降讲到万分之5.7，萎缩到只有二十年前的十分之一都不到，几乎和我们的感觉恰恰相反。（数据来源：王禄生：《中国无罪判决率的"门道"——20年数据盘点》，"数说司法"公众号）

与此同时，检察机关的不批捕、不起诉数据却呈现了逐年提升的态势，2002年全国整体上，不区分是否是以证据为原因，一共不批捕93760人、不起诉26373人，到2019年仅因不构成犯罪或证据不足的不批捕就达191290人、不起诉41409人，较五年前分别上升了62.8%和74.6%。

而"不放过、不凑数""你办的不是案子，而是别人的人生""法不能向不法让步"这样的理念都来自于检察机关。与之相比，有些法官却表现出浓厚的追诉兴趣，时常对指控工作提出要求，体现了一种强烈的追诉欲望，而不是中立裁判的欲望。

那这到底是庭审越来越实质化，还是越来越不实质化？以审判为中心的诉讼制度改革到底是向前推进了，还是向后退步了？

这是我们需要回答的问题。

这里有着复杂的原因，之前也分析过了，包括司法责任制没有得到真正的落实，法官不做主，庭审再实质化也发挥不了作用；司法行政化日益强大，内请制度的执行力要求越来越高，法官没有实质的定罪权等内部机制的问题。

本文将重点探讨外部机制的问题，那就是撤回起诉制度。

从两高向人大的报告中我们只能看到无罪的数据，看不到撤回起诉的数据。但是根据《刑事诉讼规则》中关于撤回起诉的规定，只有下列情形才可以撤回起诉，包括：不存在犯罪事实的；犯罪事实并非被告人所为的；情节显著轻微、危害不大，不认为是犯罪的；证据不足或证据发生变化，不符合起诉条件的；被告人因未达到刑事责任年龄，不负刑事责任的；法律、司法解释发生变化导致不应当追究被告人刑事责任的；其他不应当追究被告人刑事责任的。

可见，这些案件如果不撤回起诉那就是要判无罪的。那撤回起诉实际上就相当于替换了无罪判决，实际上就相当于拿撤回起诉换了无罪。看起来无罪少了，但只是不作为公开数据公开了，我们不容易察觉和了解了而已。

从案件的结果来看，撤回起诉和无罪判决是一样的。但是二者产生的效果却不同，撤回起诉缺少无罪判决的轰动性，无法得到公众的充分关注。在内部案件质量的评价上，撤回起诉的负面性也要比无罪低很多。但是我们都知道，其真实的负面性根本就没有差别。只是通过法院的迁就掩盖了问题的真正严重性。

另外，对当事人的影响也不一样，无罪判决使被告人干净利索地从诉讼中解脱。而撤回起诉之后，还需要做不起诉处理，可以做法定，也可以做存疑，这又在两可之间，性质也存在差异。

实践中还有撤回起诉之后做相对不起诉处理的，这就相当于肯定了被告人有罪，这与无罪判决可是两回事。当然，这显然是违规的，但是也确实存在，而且还无法挽回。一方面，根据《刑事诉讼规则》的规定，对于撤回起诉的案件，没有新的事实或者新的证据，人民检察院不得再行起诉，也就是被告人想要一个无罪判决也不可能了。从另一方面看，如果真是证据确实充分，应该判决有罪，那就既不应该撤回起诉，法院也不应该准许撤回起诉。

如果撤回起诉之后又作相对不起诉，那不仅是"撤回起诉"错了，而且"准许撤回起诉"也错了。如果明明是证据不足，或者就应该作存疑不起诉，而故意作出相对不起诉，那更是错上加错。

根本的问题还是在刑事诉讼的法律制度。刑事诉讼法就根本没有规定撤回起诉的内容，只有撤回自诉和撤回抗诉，从来没有规定过撤回起诉。

但是《刑事诉讼规则》和法院的司法解释，在没有刑事诉讼法规定的情况下，相当于在实践中创设了撤回起诉的制度。这显然是没有法律依据的，在完全没有法律规定的情况下，如何可以作出司法解释？

这绝非孤例，像单位犯罪的诉讼程序、核准追诉程序都有类似的问题，程序法完全没有规定，司法解释就创设出来。好歹后面这两个制度，刑法还是提过一下的。而撤回起诉就根本没有法律提过，那又依据什么进行解释呢？

刚才说这些问题都是没有法律明确规定的情形，法律没有规定检察机关可以撤回起诉的情形，也没有法院判断准许的标准，更没有规定撤回起诉之后应该如何处理，比如是否可以作出相对不起诉处理。

仅有司法机关自行创设的程序就会出现严谨性和严肃性不足的问题，根本上来说就是缺少立法程序的审慎考量，缺少程序法定的刚性原则。

法院也认识到了这个问题，所以在《人民法院办理刑事案件庭前会议规程（试行）》中对撤回起诉进行了限制：人民法院在庭前会议中听取控辩双方对案件事实证据的意见后，对于明显事实不清、证据不足的案件，可以建议人民检察院补充材料或者撤回起诉。建议撤回起诉的案件，人民检察院不同意的，人民法院开庭审理后，没有新的事实和理由，一般不应准许撤回起诉。

相比于法院司法解释中在宣判前都可以提出撤回起诉的规定，上述规定对此有了大大的限缩。如果在庭前会议上，法官提出了撤回起诉的建议，那就相当于最后通牒，就意味着最好乖乖撤回起诉，否则就要判无罪了。

虽然看起来是在限缩撤回起诉，实质上还是在鼓励撤回起诉，就是在还没有实质审理的情况下就作出了实质的判断。

这倒省却了庭审的烦琐。但是所谓的庭审实质化，不就是把庭审作为案件最终裁判的程序吗？如果不开庭，又如何进行实质化的审理呢？庭前会议开得再充分也代替不了庭审，否则实质化不就成了摆设吗？

实践中，很多法官在庭前也没有特别充分地阅卷，很多细节考虑得并不充分，有很多地方就根本没看到。只有开庭，把这些证据一一展示出来，被告人、辩护人也一一进行对质之后，那些证据和事实才会真正清晰起来。更不要说有些案件还需要相关证人和侦查人员出庭。庭前做不到这些，那对案件的判断自然就不充分。

在不充分审理的时候，如何能够保证撤回起诉建议的慎重性？由于庭前规程的这个规定，检察机关机关在法院的建议下如果还是坚持己见，那就可能面对无罪判决的风险。在这种情况下，即使还对证据有点信心，为了避免更大的风险，有些检察官可能就会不情愿地将指控撤了回来，最后再去做不起诉。在有些情况下，甚至就会违规地做相对不起诉。

但这个案子搞了半天还没有开庭认真审理过，如何可以称为以审判为中心？

刑事诉讼法之所以没有规定撤回起诉，是否就是不太想规定这种倒流的程序，而是让诉讼程序尽量地向前发展？拿得准的就指控；认为证据不足的，就判无罪；对指控有信心的就进行抗诉，去打二审；认为法院的无罪判决有道理的，就作为教训予以吸取和接受。

也就是提出指控后，案件就要经历一下开庭审判，而不是不经历开庭审判，仓促地诉过去，又仓促地拿回来。坚持以审判为中心，实际上就是坚持用庭审这个平台作为案件实体处理的中心平台，尽量地去接受它的检验，而不是逃避。一审检验结果不满意，可以到二审再接受更高层级的检验嘛，那同样是以审判为中心。

撤回起诉这种方式，是在回避刑事案件的真正问题，回避掉了公众的监督。无罪判决某种意义上是一种问题指标，公众会予以高度的关注。而撤回起诉让一般公众搞不清楚其本质的含义，认识不到问题的严重性，这样就可以"巧妙地"逃离公众的视野，但同样也放弃了正视问题的机会。

因此，撤回起诉某种程度上是绕开了以审判为中心，是以审判为中心的一个后门，这个后门是违反程序法定原则的。因为，刑事诉讼法目前就没有规定。

我们也要承认，完全否定这个制度的存在价值也不现实。但这需要立法机关将这项制度正式在《刑事诉讼法》中予以规定，并对其启动条件、允许条件、事后处理予以非常具体的规定，加以严格的限制，确保其不对庭审实质化造成破坏。

同时要对司法机关的司法解释权进行必要的限制，确保程序法定的基本原则像罪刑法定原则一样能够得到真正的落实。

司法观的意义

司法观不仅是司法观念的简称，就像人生观，也不是人生观念的简称一样。

它就像我们提到人生观、世界观时所想到的一样，它是人们对世界的总的根本的看法。

办案是不是关乎别人的人生，法要不要向不法低头，程序正义的独立价值，是否要反对司法的平庸主义，是否要追求司法的终极价值，法治有没有禁区……这些都将决定我们会成为什么样的司法者，会办出什么样的案件，这些观念将决定司法的面貌，进而为社会做出示范。司法不仅是条文、制度，它也是通过司法者的精神塑造的活生生的实践。它们就是面子和里子的关系。我们在建构了那么多制度机制之后，现在回想起来，关键时刻发挥作用的还是司法观：法律是死的，人是活的啊。

司法观不仅是我们自己的观念，也是社会对我们的一种期待，实际上是将良法与善治相结合，满足新时期人民群众对司法工作提的新诉求，它从需求侧的角度考量司法产品的设计理念和产品路线。这是司法观的现实意义。

一是公众对法治有更高的期待。社会的聚焦点正在从冤假错案，逐渐转移到机械执法。总书记说要让老百姓在每一个案件中体会到公平正义，也有这一层的含义。公平正义的实现不仅是宏观意义上的，也是具体而微的；不再是粗线条的，而应该是精细化的。"体会到"的含义就是一种感受。这份感受首先需要认真对待，也就是要重视，要深入地了解案件的处理对当事人可能造成的影响，也就是"我们办的不是案子，而是别人的人生"。这句话之所以引发共鸣，也代表了被关注的需求得以释放。其次，感受需要体会才能了解。体会作为人类情感是双向的，只有你体会到他，他才能体会到你，只有当司法官设身处地为当事人着想、考虑的时候，当事人才能体会到司法的温度。最后，有些犯罪存在一定的社会原因，有某种不得已之处，尤其在社会转型发展时期更为集中，且容易引起共鸣。因此当事人和公众希望司法机关对此有所理解和体谅，如果我们不顾及这些社会问题，就很容易产生社会性的机械执法，给人一种不食人间烟火的冰冷感。

二是司法官对自身有更高的要求。这种对机械执法、司法平庸主义的反思之所以能够引起共鸣，体现了集体的反思，体现为我们对自己提出了更高的要求。包括同理心，对当事人要有一份了解之同情。这种同情不是感情泛滥，而是对犯罪特殊性的了解、对犯罪起因的深层理解，以及对案件整体处理的综合把握。

还有人性洞察力，也就是司法不仅在于逻辑而在于经验的本质含义。能够综合自己的社会阅历、经验判断和法律逻辑，洞悉犯罪的真实动机。还要运用伦理检验能力，就是通过常情常理常识去判断法律逻辑的实质合理性，也就是用善治弥补法律的缺陷，这对于成文法国家尤其重要。

三是新的共识正在逐渐形成。这种共识的产生除了公众和自身的需求，还有法律职业共同之间的相互期待。尤其是律师希望司法权力能够得到妥善的行使，司法官之间也期望对方更加合乎实质正义。围绕这些期待，一些共识逐渐形成：人性与理性要相互结合，尤其是人性的伦理价值对理性的检验作用要充分发挥；在严格程序框架下追求实质正义；包容同类的不完美，也就是从进化的视角来思考对待犯罪的态度，包容是为了更好地回归和融合；永远以积极的态度对待人性，也就是要永远有一颗柔软的内心；在追求效率的同时，不能以牺牲效果为代价；等等。这些共识并不是凭空臆想的，而是综合当下的法治诉求的结果。

司法观不是空中楼阁，也不是虚无缥缈的东西，它与司法制度是相互塑造的关系。只不过司法观更加潜在，更加不引人注意，但却更加持久，就像伦理道德观念一样，就像人生观和价值观一样，有着一种柔韧的稳定性。它没有制度规范的强制力，却可以直接诉诸内心，它是司法者心中的道德律令。就像人生观一样，司法观也会影响司法者的终生。具体表现在权力观、证据观和程序观这三个方面。

权力观。在办案的时候考虑别人的人生，这是一种谨言慎行、如履薄冰的司法权力观。不是把案子当作一个活儿，而是把别人的生命、自由、前途命运捧在手心里来掂量。体现的是对法律的敬畏，是把人当作人的态度，是一种把办的案子当作别人人生的态度。因为只有用心体会案件背后的真实动因，才能了解案件的细节和独特性，才能具体而微地实现公平正义。因为具体才真实，这一切只有带有感情才能体会。不是把当事人当作符号，不是把案件的起因笼统地归结于"琐事"，不是冰冷的逻辑推演，而是带着一份了解之同情，带着人性去实现公平正义。这是对人的社会属性的洞察，是对理性人假设的一丝怀疑，是对不得已的命运处境的理解，是对人类个体不完美的接纳，是对刑罚功能有限性的深刻认知……这一切也是在体现着刑罚的谦抑性。

这种权力观体现的是一种更高的司法境界，是以善治来补充法律滞后性、模糊性之不足，避免陷入机械执法的窠臼，也就是在体现司法与立法的有机互动。司法不是机械执行立法，而是帮助立法更好地适应这个飞速变化、日益多元的时代，结合人性进行试错检验，避免背离立法者的初衷，并与当下的社会发展水平和社会文化相契合，从而更加深刻地体现法律的伦理基础和道义基础，让人更加心服口服。

当然，在案件的重压下，这样办案要付出更多的时间和精力，导致一部分司法官选择放弃对这种更高标准的追求，转而选择机械化地办案，把司法当流水线，把自己当螺丝钉，效率提高了，但效果没有了保障，违背常情常理常识的个案不断出炉。表面上提高了司法效率，但是给社会埋下了长久的隐患，增加了社会的对立面，减损了公众对司法的信任度，甚至催化公众滋生报复社会的情绪，使得社会治理成本大幅度增加。这是一种因陋就简的权力观，追求短期目标，忽略长期价值，最后使司法付出了更多的成本。当然，这背后也有检力资源需要进一步优化，司法责任制需要全面落实的制度性原因，需要从整体上加以解决。

证据观。让正义不但被看见，还要被看清楚。让人看不明白不是司法应当追求的，恰恰是应当反对的。"模糊"是冤假错案的开端，"麻木"就是推手。冤假错案主要是证据问题，证据最怕的就是细节。这些关键的细节事实能不能被有效地证明，直接关系到整个证据体系是否扎实。这些细节不牢，整个案件结构也会轰然倒塌。有时候，笼统用一句话来概括一下疑点重重的案件，可能会容易一些，因为负罪感会小一点，但如果深入细节，就很难再编下去了，就像瞪着眼睛说瞎话，真是有点难。因为细节离证据太近了，在没有证据支撑的情况下编的每一个细节都像是在挑战自己的道德底线，这有点像远距离发射导弹与用刺刀杀人的关系一样,离得越近就会越血腥,负罪感也会越强烈。

每个人都可能撒谎,但是把谎话说得有鼻子有眼也不是谁都能做到的,它直接挑战人类的心理底线和道德底线。在证据上注重细节,增强事实表述的叙述性,就是在用人性来防止冤假错案。当你对那些关键的细节写不下去的时候,那一定就是有些证据还不充分,有些疑点还没有排除,至少内心还不够确信。这个时候要做的不是轻易地把被告人送上法庭,一诉了之,而是反躬自省,反思整个案件,去补充完善相应的证据,倒逼侦查机关提高侦查质量。最后,如果穷尽这些都不能完成细节的合拢,那就只能作出不起诉的决定。

程序观。程序不是走过场。检察机关处于司法程序的中枢环节,这个关口不但要把住,还要成为案件质量的传递通道,将不断提高的证据标准和审判要求及时传递给侦查环节。对检察机关来说,主要就是发挥审查的实质作用,避免构罪即捕、凡捕必诉。要全面彻底地审查证据,充分把握案件的实质,在大是大非的问题上不能有丝毫含糊。也就是在事实证据上不能有任何的迁就和妥协,就是要有打破砂锅问到底的决心和勇气,从实质层面上把握住案件。审查实质化也必然意味着要发现一些侦查中的问题,有些甚至是严重的和根本性的问题,因此会通过不捕、不诉的方式体现出来,当然更多的时候是完善证据的意见。这也是将以审判为中心的证据标准向侦查前端传递的结果。

应该向侦查机关传达一个明确的信号：不按新的标准来，此路不通，从而让侦查人员主动寻找提高办案质量的出路。而且这种传播是有针对性的，办案质量不高的人员收到的信号越多，对他的影响也就越大，引起的重视也就越多。只要有问题，就有信号反馈，即使是具体而微的问题，也会有具体而细微的反馈。这些信号的反馈汇成的洪流才会冲垮以往的侦查惯性，将侦查引入更加合法、规范的轨道上来，从而使整个刑事诉讼程序走上正轨，形成"审查—引导—反馈—规范"的良性循环。这就是审查引导侦查的基本原理。但是审查引导侦查绝不是简单地传导压力，也是在传授方法，是一种建设性的压力，是一种有方向的引导。不是简单的捕与不捕、诉与不诉，还是指出为什么和怎么办的过程，是通过审查整合检警关系，也为庭审实质化铺平道路，这也是引导侦查的实质化，就是要解决问题。

这种引导不仅是个案意义上的，也是类案意义上的，甚至是侦查基本方法论意义上的，因此审查的方法论，也必将成为侦查方法论的先导，从而使审查和侦查在方法论上形成有机的统一。

司法观看似虚幻，却潜移默化地影响着具体的司法行为。日用而不自知，对司法观的认识过程是一个从自发走向自觉的过程，体现的是对司法工作秉持长期主义的态度。它是司法者不断走向成熟的过程，也是司法工作不断走向成熟的过程。

第四章

期待

司法官人身保护机制亟待完善

又一名司法官在家门口遇害。

这已经不是第一次了，我们在为逝者悲痛、谴责凶手之余，是时候认真想一想，如何才能让这样的悲剧不再重演了。

这绝不仅仅是事后追究刑事责任，正义不会低头的问题，更应该是提前预防和人身保护的问题。

如果事前已经有了苗头，比如电话骚扰恐吓、长期跟踪尾随、围堵、侵扰家人等，司法官是否能有效申请到人身保护措施？而这个人身保护措施又如何能够有效落实？

这些问题在以往的文件制定过程中都曾经考虑过，但总体上还是存在事后处理为主、预防性保护范围有限、启动程序和保护措施不具体等缺陷。

也就是司法官的人身保护机制亟待完善，一日不完善，司法官遇害的悲剧就一日不会结束。

早在2016年，中共中央办公厅、国务院办公厅就印发了《保护司法人员依法履行法定职责规定》。

其中第 17 条规定：对干扰阻碍司法活动，威胁、报复陷害、侮辱诽谤、暴力伤害司法人员及其近亲属的行为，应当依法从严惩处。对以恐吓威胁、滋事骚扰、跟踪尾随、攻击辱骂、损毁财物及其他方式妨害司法人员及其近亲属人身自由和正常生活的，公安机关接警后应当快速出警、有效制止；对正在实施违法犯罪行为的，应当依法果断处置、从严惩处。行为人是精神病人的，在人民法院决定强制医疗之前，经县级以上公安机关负责人批准，公安机关可以采取临时保护性约束措施，必要时可以将其送精神病医院接受治疗。

这就说明对于一般情况的滋扰、侵害，并没有规定预防性的保护措施，现有规定只是事后及时处理的模式。

该文件第 18 条还规定：人民法院、人民检察院办理恐怖活动犯罪、黑社会性质组织犯罪、重大毒品犯罪、邪教组织犯罪等危险性高的案件，应当对法官、检察官及其近亲属采取出庭保护、禁止特定人员接触以及其他必要的保护措施。对法官、检察官近亲属还可以采取隐匿身份的保护措施。办理危险性较高的其他案件，经司法人员本人申请，可以对司法人员及其近亲属采取上述保护措施。

也就是说目前对于司法官的人身保护措施仅限于特定类型高危险性案件。但一般的刑事案件，以及民事案件并非就没有风险。目前，多起恶性侵害司法官的案件甚至就是民事案件。

所以办理案件的性质，与司法人员遭遇到人身安全危险，有一定关系，但绝不应混为一谈。比如有些离婚案件当事人的情绪就比较激烈，手段就可能比较极端，不见得一定是重大刑事案件才危险。

按照目前的保护机制，这些案件只能采取事后及时处理的模式，但是事后再怎么及时处理都来不及了。

可见事前预防性保护的范围目前规定的过于狭窄。

而且对于保护性措施的启动程序、实施主体和采取方式，也都没有具体展开。

2017年，最高人民法院出台了《人民法院落实〈保护司法人员依法履行法定职责规定〉的实施办法》，基本沿用了《保护司法人员依法履行法定职责规定》的内容，并未进行实质的细化。

《实施办法》第14条规定：人民法院对于干扰阻碍司法活动，恐吓威胁、报复陷害、侮辱诽谤、暴力侵害法官及其近亲属的违法犯罪行为，应当依法从严惩处。法官因依法履行法定职责，本人或其近亲属遭遇恐吓威胁、滋事骚扰、跟踪尾随，或者人身、财产、住所受到侵害、毁损的，其所在人民法院应当及时采取保护措施，并商请公安机关依法处理；对构成故意杀人罪、故意伤害罪、寻衅滋事罪、故意毁坏财物罪、非法侵入住宅罪等犯罪的，依法追究刑事责任；行为人是精神病人的，依法决定强制医疗。

第 15 条规定：人民法院审理恐怖活动犯罪、黑社会性质组织犯罪、重大毒品犯罪、邪教组织犯罪等危险性高的案件，应当对法官及其近亲属采取出庭保护、禁止特定人员接触和其他必要保护措施。对法官近亲属还可以采取隐匿身份的保护措施。办理危险性较高的其他案件，经法官本人申请，应当对法官及其近亲属采取上述保护措施。

虽然是实施办法，但是并无更为具体的实施内容。比如采取保护措施，是公安机关采取还是本院法警采取？如果由法警保护，那法警力量是否充沛？如果由公安机关保护，该文件由法院单方面发布，又如何能够让公安机关有效执行？这些保护性措施到底是什么，如何申请，如何启动？值得注意的是，公安机关并未发布过类似的规范文件，检察机关也没有出台过具体的实施办法，而且侦查人员和检察人员同样也面临相似的人身安全问题。

还有，这些人身保护措施是在工作期间实行，还是在工作期外也能实行，是否可以护送上下班？实施办法中都没有答案。

另外，保护的方式目前还是事后处理模式，预防性人身保护范围狭窄的问题仍然没有解决。

综合上述情况，笔者提出五点具体建议，供有关机关参考：

一是由两高联合公安部共同发布司法人员保护机制的具体细则。对保护机制的具体程序和方式予以全面细化。由一个司法机关单独发布无法解决保护力量不足的问题。

二是司法机关之外的保护措施建议主要由公安机关承担，为此可以增加配置必要的警力资源，包括辅警力量，从而承担机动性保护任务。在司法机关内部，安保任务可以主要由司法警察承担，必要时可以要求公安机关予以协助。

三是应该扩大预防性人身保护的适用范围。不限于恐怖活动犯罪、黑社会性质组织犯罪、重大毒品犯罪、邪教组织犯罪等危险性高的案件，对于司法人员本人或其近亲属遭遇恐吓威胁、滋事骚扰、跟踪尾随，或者人身、财产、住所受到侵害、毁损等苗头性危险的，均可申请人身保护措施。在紧急情况下，还可以直接向公安机关提出紧急申请。

四是将人身保护的时间范围扩大到工作时间之外。比如可以建立临时性护送上下班的机制。

五是可以采取必要的技术性保护措施。比如对骚扰性电话、通讯方式可以进行反向查询，从而可以有针对性地采取保护性措施。

悲伤本身不会成为力量，悲伤只有转化成行动才会成为真正的力量。

我们对逝者最大的责任，就是不要让他们的血白流！

司法 App Store

随着信息化在司法机关的普及，各种辅助性办案软件层出不穷。

像检察统一办案系统这种统一建设的系统不多，大多数地方司法机关还是采取各自设计、各自研发或者各自采购的方式各自为战。

实践中也呈现了百花齐放的效果，但也难以避免会产生重复建设、多头采购等问题。比如量刑软件就有很多版本，算法思路也有所不同，有些算法在压力测试下还容易产生逻辑谬误，但是一般情况下不易察觉，数据库等底层资源普通司法人员不甚了了。有的有附加刑数据，有的就没有，基层司法人员的需求并未得到充分满足。

辅助办案软件以人工智能为旗号，更是种类繁多，实践应用效果却普遍欠佳。决策层与应用层相脱节，还是会产生不好用也得用的悲惨现实，用户意见没有得到充分尊重。

可视化出庭、法律知识库，均有多个版本在各地流行，但是每个地方开发或购买的只是一个版本，司法官无法根据自己的意愿进行选择。

虽然智能语音系统的提供方比较单一，但是需要各地一个地方一个地方单独采购，不能采取统一采购分别使用的方式，既显得浪费，又不利于语音识别算法的统一优化升级。

另外，各地司法机关还自主开发了各类实用小软件，但是由于没有得到高层推广，其实用性只能局限于一地，很难为其他地区所知，这也是智慧成果的一大浪费。

是这些花样繁多的软件，并没有一个科学的评价机制，到底采购哪种合适，基层司法人员没有话语权，决策呈现出较强的随意性。

供给和需求两张皮，花了不少钱，但是基层不买账的情况普遍存在。

最重要的是，由于缺少市场化的竞争机制，真正好的信息化产品未必能够杀将出来，甚至还会出现劣币驱逐良币的现象。

现实是，由于财政、决策的分割，司法软件确实存在江湖混战，没有形成统一市场，无法让竞争机制在软件研发、应用和推广中发挥基础性作用的情况。最高司法机关完全包打天下也不现实，没有足够的财政支撑，最重要的还是无法满足多样化的司法信息化需求。

都是大统一软件，也容易发生一统就死的问题，同时还会压制基层的创新活力。

司法信息化本质是借助信息化手段，为司法办案提供各种智能辅助支持，提升办案效率和能力。很多时候就是将成型的司法智慧和经验以算法的形式固定下来，为司法新手提供智力支持。量刑建议系统就是这样，它就是通过判决中各类详细数据分析，将众多法官的量刑经验智慧以及量刑习惯固化下来，为我所用。对于短期内提高检察官的量刑能力帮助很大。

这么多的量刑软件，哪个更好呢？谁也说不清。而且你觉得好的，单位不一定买，单位买来的你又不一定愿意用，甚至你觉得哪个都没用。而且还有可能是哪个也不买，你着急也没用。

从开发者这边来说，有些甚至愿意免费提供给你用。因为你只要用就会帮助它完善算法，虽然在内网端收不到钱，但是可以从互联网端收回成本，这也是一种盈利模式。

这就像从苹果系统兴起的 App Store，即软件商店，这里面的很多软件都是免费的，这些互联网公司有很多盈利模式，比如第三方付费，广告或者电商等，只有极个别是直接收费的。

这个 App Store 就创造了一种新的应用软件开发和使用模式，实际上它是创造了一个软件市场。各个软件就像商品一样，任用户取用。好的软件会通过口碑传播，当然 App Store 也有排行机制，还有下载量、好评数、文字评价等评价机制，形成了一个软件的排名榜单。

也就是应用软件的竞争机制，用户用脚投票，就把好的投出来了。那些真正好的软件，不管是谁开发的，都有展示的机会，都有可能脱颖而出。

所以，我觉得可以借鉴 App Store 的模式建立一套司法 App Store，具体来说有以下几点想法。

1. 建立统一的司法 App Store 机制

每一个司法条线都可以各自建一个 App Store，比如检察系统就叫检察 App Store，但最好还是各个司法机关联合在一起建一个大的司法 App Store，这样更好，但是难度更大。这涉及数据共享和密级对等问题，总之可大可小。同时建立下载量、好评数、文字评价等基础评价机制，实现用户用脚投票，开发商通过下载量收费或结算也更加公平。

2. 管理单位

管理单位应该放在最高司法机关的信息中心，如果联合成一个大 App Store，可以为此形成一个联合的司法应用软件中心。主要是负责维护服务器，维护 App Store 的日常运转，与开发商沟通协调，制定开发标准，包括定期表彰、推荐优秀软件等，建立激励机制。

3. 开发方式

开发方式大概有四种，第一种是像统一办案系统这样的，这种是统一开发，普遍性应用，相当于预装的基础软件，这种是极少的。第二种是开发商根据预估的需求，自主开发的软件，在司法 App Store 上架，由司法用户自主下载应用，这就相当于采购软件，但不是批量采购，而是零售，将采购选择权交给用户。第三种是开发商与地方司法机关联合开发，也是在司法 App Store 上架，不仅是参与开发的司法机关用户可以下载，全国所有司法用户都可以下载。第四种是地方司法机关自主研发或者司法人员个人自行开发的软件，只要符合软件的开发标准都可以在司法 App Store 上架。

4. 付费方式

以往的付费方式都是开发商付费或者集体采购，都是批量型的，不但花钱多，而且还会重复花钱、重复设置服务器、重复设运维人员，不利于资源整合。加上能够买的品类少，就无法满足司法人员的多样性需求。司法 App Store 就像一个大团购，我这里几十万、上百万用户，议价能力就不一样了，你只要在我这里上架，这些用户你都可以争取，能争取多少就看你本事了。你的精力就不用分散在与一个一个地方司法机关谈判上了，而是集中精力做好产品，形成用户口碑，努力把用户伺候好，自然就有市场。

付费也有几种方式，一种是完全免费，赚的是算法优化，这个简单。另一种就是根据下载量和使用时长付费。比如智能语音，我就看你一个地区每年使用多少个人时，因为这涉及服务器和运费的成本。统一定一个人时单价，你这个地方有多少人时，你就交多少个人时的钱就行了。而服务器完全没有必要每个地方都设置，在全国设几个必要的节点就行了，这就节省了很多费用。

5. 激励机制

除了鼓励商业开发商在 App Store 提供产品，还要鼓励地方司法机关与开发商联合研发，以及司法机关单位和个人的自主研发。对于这些研发成果，可以形成一些年度排名。比如十大司法智慧成果之类，另外也可以适当给予一定的资金扶持和奖金鼓励。总体上鼓励司法人员自主研发，因为这将极大降低软件的使用成本，而且由于与司法需求的高度契合，还有利于实现信息化和司法工作的高度融合。

6. 用户关系

　　司法 App Store 将完全颠覆以往开发、立项、报批等模式，是由司法信息化的计划经济模式向市场经济模式转变，尤其是与移动互联网的商业模式相契合。不仅是信息化技术的应用，也是互联网思维的应用。从原来行政主导的开发模式转变为用户主导，所有的开发商要努力获得更多的用户，实现经济效益的最大化，就会以用户需求为导向进行产品完善，比如突出自身产品的有用性。如果有同类产品，就可以通过用户的选择，将真正与司法工作相契合的产品选出来，并促使它不断优化。这是将原来多个层级的管理模式，直接压缩成简单的开发者与用户的二元关系，实现开发与需求的直接对话，用户需求的无损传递。用户的每一次抱怨、投诉都会被尊重，因为这将决定产品的口碑。原来可不会如此，因为用户不能决定采购和付费。

　　谁有决定权，谁就被尊重，这就是基本的商业逻辑。

　　司法 App Store 就是将决定权交还给用户。

城市犯罪地理信息标示图系统的构建

我们都知道犯罪主要集中在城市，但是犯罪地点在城市之中是一个随机分布的状态吗？

答案是否定的。

根据犯罪学家韦斯伯德和谢尔曼的研究，美国明尼阿波利斯市 3.3% 的街道区段所打的报警电话次数占全市所有报警电话拨打次数的 50% 以上，这个街道比例在波士顿是 3.6%，纽约、西雅图、辛辛那提、堪萨斯、达拉斯情况类似，在以色列的特拉维夫这个比例是 5%（参见格拉德威尔《陌生人效应》，第 255 ～ 256 页）。

可见，案发率呈现了一个高度集中的状况，并不是我们原来以为的随机分布的状况，或者完全没有规律。

这给了我们一个很大的启发，如果能够发现这些犯罪焦点地区就能够及时地、有针对性地开展犯罪预防。也可以从中了解到，在城市管理上出现了哪些问题才会滋生大量犯罪。

我在办案中就了解到了类似信息，如果一条街道的很多门市房出租给卖淫行业，就会引来"鸡头"作为保护人，从而产生不断的"嫖资纠纷"，并不断引发伤害案件、敲诈勒索案件、毒品案件，甚至命案。那么这条街的治安案件和犯罪案件就会相对高发。而郊区和城乡接合部的赌博机网点周边也会聚拢不少犯罪。

还有偏僻的立交桥下、河边、桥梁隧道、城郊绿地等处，经常会成为恶性案件发生的地点，或者是抛尸、埋尸、碎尸的地点。主要原因是这些地点比较僻静，行人车辆很少，特别重要的一点是这里往往摄像头也比较少，某种意义上是城市管理盲区，不容易被发现。

但是这些地点都真实地发生过犯罪，或者起获过尸体，可惜的是这些位置信息没有被汇集起来，以便从地理分布和历史趋势的角度进行直观呈现。

偶尔我们会在一些特别模范的街区，看到电子信息牌上显示一些案发数据，但主要是为了体现这些地方治安状况好，而且没有宏观的呈现和对比，在这一两个街区的信息显示是没有太大意义的。

从犯罪动态预防、城市微观治理和城市规划的角度，我觉得非常有必要在大中型城市，尤其是超大型城市建立城市犯罪地理信息标示图系统，作为智慧城市的一个重要组成部分。

1. 采集

一是报警信息。通过报警电话定位，如果是座机报警，那座机的地理位置分布信息自然就是报警位置信息，如果是手机报警，也可以通过基站位置信息和 GPS 定位信息确定。

很多时候报警电话信息并不等同于发案地点信息，但是一般来说大多在其附近，所以有很强的参考性。而且对历史犯罪地理信息数据的回溯来说，报警电话的录入和采集的成本也是最低的，也就是通过最低的数据采集成本最大限度地描述犯罪地理信息的历史分布。

这个信息的来源自然是 110 报警记录的历史数据，再通过电信运营商固化地理信息分布数据、移动电话的基站数据进行匹配，这个工作主要是作为历史数据导入使用的，如果能够有 10 年左右的数据就可以看到犯罪地理信息分布的演化与城市建设历史的相关性，从而探寻其中的部分规律，以及现在的问题所在。

对于当下数据的采集，建议整合 110 报警数据系统与电信运营数据系统，通过必要的算法实时展现报警信息的地理分布，这有点像互联网公司的指挥系统，比如微信日活数据，可以呈现全国或者一个城市的电子地图，以热力学分布或者点状分布的方式体现报警信息的动态变化。

这一信息采集方式的优势就是方便、快捷、成本低，缺点主要是内容不够精确，信息的丰富度不够。只是知道报警了，但是在哪案发的不知道，破没破案不知道，什么性质的案件不知道。

二是案件信息。为了解决报警信息反映的犯罪信息不精确的问题，就有必要引入案件信息。案件信息的意思就是真实的发案地点，犯罪地点，这才是真正的犯罪地理信息，报警信息只是其周边的大致位置。关于犯罪地点的描述是最基本的案件事实，每一个案件都有，而且涉及案件管辖的问题，是必须搞清楚的。

这个搞清楚往往是大致的清楚，有时嫌疑人、被告人在动态的犯罪过程中也描述不清，只能确定一个大致的地段，这就导致虽然应该精确的犯罪地理信息，往往也只是一个大致的区间，只要能够满足管辖权确定，侦查人员也往往不再深究。这主要是对于户外犯罪来说的。

对于户内犯罪，因为由房间的相对确定，所以地理信息还是非常精确的，可以直接精确到门牌号，有了门牌号那就是最精确的地理信息了。这个信息的采集就达到极致了。

对于不精确的户外信息，只要能够大致归属到一个街区也可以发挥地理标示作用。

除了犯罪地点，那些毁尸灭迹的地点也十分重要，当然这些大多数都在户外，有时无法精确到街区。这就需要在勘查现场的过程中，同时携带必要的地理标示仪器，对位置地理信息同时进行标注，并输入城市犯罪地理信息标示系统。

案件中反映出的地理信息有一个动态发展的过程，比如报案出警时核查的犯罪地点信息，破案时确认的犯罪地点信息，侦查终结时认定的犯罪地点信息，再到起诉和审判时认定的犯罪地点信息，这可能有一个变化的过程。可以在系统里体现这个动态的演变过程，最终以生效判决确定的犯罪地理信息为准。

2. 分类

报警信息和案件信息体现的是信息的源头。

这里说的分类是对犯罪地理信息的重要性程度和类型的区别，比如行政违法案件和刑事犯罪案件是两种不同的信息，严格说来这个系统应该叫"城市违法犯罪地理信息标示图系统"。简便起见，就笼统地说是犯罪地理信息，即使叫违法犯罪地理信息也是不准确的，因为其中的违法并不是普通的违法，一定是与治安相关的行政违法案件。

对于违法和犯罪这两大类型的发案地点地理信息应该以不同的颜色明确区分，以体现治安状况的严重程度。

就犯罪而言，也有轻罪和重罪的划分方式，可以分为五档，1年以下，1～3年，3～10年，10年以上的有期，无期、死刑。非羁押刑可以单独标示。

同时还可以区分过失犯罪和故意犯罪，因为这也是两种不同的概念，过失犯罪比如交通肇事，那主要是以交通标示提醒和道路规划完善来发挥作用。只有故意犯罪才能充分体现其对治安环境的影响。尤其是毒品、涉枪、抢劫、故意伤害重伤、敲诈勒索、寻衅滋事多发的地方，对治安状况的影响明确高于其他类型的犯罪。命案更是应该单独标示。

对这些不同的案件，可以根据案件类型对公众心理的不同影响，确定不同的系数，从而确定不同社区的治安风险指数。

每万人报警数和治安风险指数应该成为与每万人发案数一样的重要治安参考数据，用以衡量一个城市和社区的发展和管理状况。与指数不同的是，城市犯罪地理信息标示图会以直观的地理分布方式将城市安全状况直观可见地呈现出来，以服务于城市的管理和规划。

3. 展示

一方面，要以全样本的数据进行动态的实时的内部展示以服务于决策。这样的展示是可以从多个维度进行切换，比如信息采集来源，案件类型，案件严重程度，命案分布程度，等等。

另一方面，可以将这些历史数据，以一种动态趋势的方式与城市地理规划变迁同步进行演示，同样也可以非常直观地看到，哪一条街道的改造对当地犯罪率产生了一个决定性的影响。又有哪一些街道或地区由于经济产业的变迁、衰落导致犯罪率的提高。如果这个地图可以扩展到全国范围，那我们更是可以看到不同的地理区域、城市群落随着经济社会的发展变迁，导致随之而来的犯罪地理分布数据的变化，从而进一步体现犯罪与经济发展的内在关系。

4. 应用

无论通过实时动态数据，还是历史演变数据，我们都可以看到城市的部分地区在犯罪地理信息呈现高亮度的相对集中态势，就像文章开头所提到的，这种态势就说明这里是城市的一个毒瘤，需要进行外科手术式的处理。

在处理之前，还要进行综合的信息研判，看看到底是规划的问题，还是管理的问题，还是基层政府治理能力的问题，或者是产业变迁的问题，从而综合施策。尤其是对于超大型城市，还要考虑这一地区与周边的地区的关系，这里的历史地位，现在的城市功能，以及未来规划改造后可能产生的影响。

就像切除一个癌症肿瘤一样，我们还需要考虑这个肿瘤会不会扩散，以及身体的承受能力，从而采取一种最佳的解决方案，而且这个方案往往是综合性的。

法学家早就说过，最好的犯罪政策就是社会政策，但是现在的社会政策需要大数据的政策，光靠拍脑门、想当然是无法开展现代城市管理的。原来司法机关开展的针对个别案件、个别地区的案件调研报告虽然可以得到部分领导的关注，但往往

是片断性的，无法真正体现全局视野和扎实的全样本数据。

城市犯罪地理信息标示图系统实际上给了城市管理者一个全局视角，使得一个城市无序状况的地理分布直观可见，从而有的放矢地将无序转化为有序。

比如，在案件中我们发现的一个又一个毁尸灭迹的地点，这些隐蔽角落，案件办完是继续隐蔽，还是有可能继续发挥毁尸灭迹的功能？既然我们有了犯罪地理信息，那就可以有计划地把这些隐蔽角落点亮，定点增加治安摄像头。让犯罪者成为隐蔽角落的发现者，通过地理标示的方式，通过"点亮工程"驱散那一部分最黑的黑暗，这就是最直观可见的犯罪预防功能。

城市犯罪地理信息标示图就相当于一个城市健康的检测系统，这个检测系统不是哪有案件就指挥人过去，那是110指挥中心的功能。这个系统是通过长期的、宏观的、犯罪大数据的累积，有针对性地对城市进行改造，对城市功能定点完善，是城市发展的一张健康地图。

通过不同城市地区犯罪地理分布的比较，我们也容易发现城市发展之间的相关性，大范围、全国性的比较，甚至排行，又可以发挥城市安全指数GDP的功能，为中国城市化的下半场提供基础的安全数据支撑。

对"非羁码"的法治期待

2020 年是艰难的一年，也孕育了很多的希望。就像疫情催生了健康码，通过信息化的手段为疫情防治找到新的方案。健康码又与司法工作相结合衍生出了"非羁码"，借由健康码的基础设施又为降低审前羁押率的老大难问题找到了新出路。

如果说"非羁码"是健康码下的蛋，那法治就是社会的孩子。法治是社会母体孕育和培养出来的，二者是须臾不可分离的，社会环境是法治发展的基础。

反过来，法治的成长和成熟又可以反哺社会，让社会的发展得到新的提升。

法治不仅与社会共克时艰，而且还肩负着社会母体的更高期待。那就是如何建设一个更好的社会，并让这个更好的社会保持长期的稳定繁荣，从而抵抗社会所要面临的诸多不确定因素和风险。

这些不确定的风险，除了疫情，还有经济发展的波动、技术对人的替代、社会阶层流动性的阻滞、对公平和透明的更高期待、社会多元化与传统价值观的碰撞、潜规则与明规则的博弈、城市化带来的压力和焦虑、人口老龄化等诸多问题。

这些都是法治需要破解的难题,在破解这些难题的过程中,我们也能够发现机遇,并会观察到良法与善治的小趋势,通过这些趋势,我们可以看到法治隧道尽头的微光。

因此,我想以自己十余年的司法经历,从内部的观察视角,凭借有限的认知能力,从我自身的关注点出发,来表达我对法治发展的个人化的期待,并借由这些期待来探察法治发展的趋势和可能,这也是我寻找法治之光的过程,也算是我的新年献词吧。

基于信息技术带来的羁押率大幅度降低将影响司法走向

年初杭州带来了"健康码",岁末杭州又带来"非羁码"。

据说"健康码"将成为社会管理的一种基础设施而对社会产生深远的影响。同样,"非羁码"也会成为司法制度的一种基础设施,我之前曾经将它定义为"重构刑事强制措施体系的数字化契机"。

现在想来,应该是低估了它对司法制度的影响,就像很多人也低估了"健康码"对社会的影响一样。

"非羁码"不仅是通过手机端监控,让司法机关放心大胆地作出不羁押的决定,从而在不羁押的状态下也可以顺利开展诉讼工作。如果还不放心,还有电子手铐、室内电子监控措施等更强的电子监控措施可供选择，从而与传统强制措施一起构成一种有着更多等级梯度的强制措施体系。

其中以"非羁码"为代表的手机端电子监控和以"电子手铐"为代表的可穿戴电子监控措施，都是在采取强制措施的同时，允许嫌疑人可以维持基本的自由状态，不用与社会隔绝开来，可以正常地工作、生活和学习，让日常生活不至于中断。

这些新型的强制措施，再加上现在轻罪案件达到80%以上的犯罪结构态势，就必然导致羁押率的大幅度下降，从而逐渐实现轻罪案件原则上不羁押的司法新常态。

这可以让嫌疑人、被告人以自由之身参与到诉讼之中。

这会给司法制度带来什么样的变化呢？

1.

可以想象，对一个不被羁押的嫌疑人，刑讯逼供一定很难了吧？

因为他随时可以得到律师的帮助，即使提讯的时候律师不在场，提讯完了他会马上找律师，然后拍照、记录、投诉甚至控告。

侦查人员也知道他一定会这样，那侦查的合法性都不用刻意强调了，自然而然地就会规矩了。

自由之身就意味着有更强的自我保护力，更加强大的心理能力，不容易遭受肉体和精神的伤害。

这样的话，案子应该是更难办了。仅仅依靠口供的侦查策略就行不通了，通过逮捕的长期羁押所形成的心理强制力将无法发挥作用，那侦查就必须摆脱传统的路径依赖，开始收集更多的客观证据，包括手机信息等电子证据，从而倒逼侦查能力的提高。

也就是还没有用庭审实质化和不起诉来传导呢，通过嫌疑人的自由之身，通过更加强有力的辩护帮助，就对侦查质量形成了倒逼。

为什么人只要处于一种自由的状态,他的辩解就容易更多？

因为他有家人的支持，他有社会网络的支持，他可以享有辩护人全方位的法律帮助，不必像在羁押状态中那样孤立无援。

我们一直主张控辩要平等武装，其实最重要的平等武装就是不羁押，就是自由之身。

只有不羁押才能带来有效辩护，才能在讯问时不致因为心理压力而说违心的话。一旦说了违心的话，在庭审上想找也找不回来——毕竟是你自己说的。

很多人即使没有遭遇刑讯逼供，只是羁押的状态下，也会产生恐惧，也会违心作出不利于自己的供述。这些供述将会使其在庭审中处于不利地位，再实质化的庭审，也无法抵消有罪供述对法官产生的影响。

因此，所谓的庭审实质化其实从侦查之初就开始了，由于不能实现完全的直接言词原则，所以每一堂笔录都显得非常重要。要想维持自己的理智状态，家人亲友的安慰，律师随时可以提供的帮助，就是一种必需品。

所以羁押不仅仅是人身控制，还是对人的社会网络的割裂，以及对充分辩护权的剥夺。而这些正是最有力的武装，因为它们可以给你带来勇气，以及明智的选择。

因此不羁押才能带来真正的平等武装，进而带来真正的庭审实质化，有利于司法公正。

2.

当然，这也会有负面影响，比如串供的问题，虽然羁押状态也可以串供，但是显然不羁押的状态更容易，从而在保障犯罪嫌疑人免受冤枉之外，也就更加容易放纵真正的犯罪。

有些人身危险性比较大的嫌疑人，在不羁押的状态下还有再犯的可能，那谁来保护公众？谁能对社会的安全稳定承担责任？这个代价是否值得？

这也是反对降低羁押率的人经常强调的观点。

我想说的，这未免小题大做了，将一些点的问题、个案的问题，当作普遍现象来强调，是夸大了问题本身。

首先，杭州这么大一个城市试用了这么长时间都没什么事，这就是实践效果。

其次，我们是主张从整体上降低羁押率，那在个案上就一

定是有判断的，必然要对人身危险性和社会危害性有判断，而不是一刀切都不逮捕。

再次，现在的趋势是轻罪案件占绝大多数，比如危险驾驶，可以说只要不让他开车了，他就没有多大的人身危险性了。还有很多是财产类犯罪，经济犯罪，过失犯罪，他们的人身危险性并不强。

那些原来人身危险性强的犯罪，比如抢劫，杀人，故意致人重伤，都呈现了大幅度下降的趋势。现在只是占到全部案件数中的很小一个比例，并不影响大局。因此，我们在谈局部风险的时候，一定要看一个大的趋势。

最后，即使是不羁押，也不是放任自流。"非羁码"也有一个管理问题，如果"非羁码"不够安全，还可以加上电子手铐从而保证 24 小时不间断的监控效果，再进一步还可以搞室内全方位监控。这些措施可以满足司法机关对安全程度的不同需要，也适应不同类型的犯罪嫌疑人。

所以，总体来看，这些担心是不足虑的，完全可以通过完善这些新型强制措施的方式予以避免。

3.

这实际上是价值选择的问题，我们正在选择这个正确的法治方向。

当然这也是一条更加艰难的路，放了这么多人是不是给自己找麻烦？案子是不是更难搞了？

一定是更难搞了，但案子本来就应该这么难搞，原来的好搞是通过切断别人的社会网络，阻碍充分的辩护帮助实现的。这就给很多案件埋下了隐患，没有从一开始把案件搞清楚，就必然在很多年之后要拉抽屉。

如果当初难搞一点，是不是就会更加认真一点？更认真一点是不是就可以离真相更加近一点，离公正也就更近一步？

正是非羁押状态的难搞，才会让我们重新调整侦查模式、检察模式和审判模式，从而更加接近实质化的司法模式，也就是从侦查第一天就开始了庭审实质化。

这就让侦查人员从一开始就要拥有公诉思维，甚至审判思维，他要设想庭审的举证场景。即使他不这么设想，辩护人也会通过嫌疑人告诉他。

因为嫌疑人通过辩护人的帮助，率先实现了一种庭审预设，这种预设会通过与侦查机关的接触不断强化。这就使辩护人和嫌疑人成为庭审实质化标准的传递通道。

另一个通道是公诉人和法庭。可以想象，获得更多辩护机会的嫌疑人，其主张自身权利的能力将得到极大的加强，从侦查阶段就不会轻易就范，在公诉阶段和审判阶段，他就更有机会洗刷自己的清白。他没有因为自己的恐惧留下什么对自己不利的证据，如果本身也没有太多证据，就更容易让司法官看清这个案件的问题。

换言之，不羁押必然带来更多的不起诉和无罪判决，必然带来庭审实质化的加强，从而有力地推进以审判为中心的诉讼制度改革，并进一步提升司法的公信力。

不羁押，就是给予嫌疑人免于恐惧的自由。不仅是法不能向不法低头，更要使法不向侦查滥权和司法专断低头，这是更加光明的司法方向，虽然路途漫长，但值得期待。

互联网反垄断需要检察力量

2020 年 11 月《南方周末》发表了一篇题为《反垄断十二年探路，终于反到互联网》的文章，让互联网反垄断再次引起关注。正如文章中提到的，互联网行业一度成为反垄断的"禁区"。

如果说十几二十年前互联网平台企业还只能算是新生事物，对社会的影响还是相对有限的，那只能说我们谈到的垄断企业往往还是能源类的企业。

眼见着互联网平台日益成长壮大，不仅是市值已经超过了传统的垄断行业，而且其对社会生活的影响也远远超过了传统垄断行业，甚至成为新的基础设施，与民众生活几乎是须臾不可分离。

尤其是 2020 年，我们的感触更深，电商、社交媒体、移动支付、共享服务平台几乎成为生活的基本依赖。可以没有现金，但绝不能没有手机，因为需要移动支付。无论是坐地铁、坐公交、骑共享单车、打车、买火车票、买飞机票还是网上购物，都需要手机。现在再加上健康宝，如果你手机没电了，可能连商场都进不去。

互联网平台十分重要，已经成为一支重要的经济力量，成为国家软实力的一部分，中国在海外的影响也不断扩大。进而也在贸易战的过程中，率先受到打压，甚至直接导致若干 App 的下架，在国际范围的竞争受到了不公平的限制。

在这个背景下，我们讨论国内互联网平台公司的反垄断真的好吗，真的合时宜吗，真的符合"六稳""六保"的精神吗？

过去我们奉行"审慎包容"的理念，看不懂的就让子弹飞一会儿，对互联网平台公司的并购尽量绿灯放行，对于互联网公司的反垄断调查很少有实质性的突破。这些共同构成了互联网行业草莽发展的时期，由于规则和执法的灰度作用，确实一定程度上有利于互联网公司的成长，实现了水大鱼大的效果。

当大鱼成为巨头，为了确保自己的垄断地位，就会通过并购、挤压、抄袭而遏制潜在的竞争者，从而产生巨头之下寸草不生的局面。据《南方周末》的记者统计，2018 年腾讯并购了 151 家企业、阿里巴巴并购了 121 家。12 年来，腾讯共并购 763 家，阿里巴巴并购 549 家。事实上，中国的互联网行业仅靠几个巨头是远远不够的，我们还必须维护好能够持续生成巨头的公平竞争环境。

维护公平竞争的市场环境，虽然会对巨头的成长产生一时的负面影响，但总体来说有利于整个行业的发展，就像美国当年对微软捆绑销售 IE 浏览器的行为提出的反垄断诉讼，不仅有利于当时新兴的互联网行业的发展，为后续互联网巨头的成长创造了空间，事实上，也间接促进了微软公司本身的转型。因此，我们必须以发展的眼光来看待反垄断问题，反垄断不是将大的企业拆小，不是打压龙头企业，而是防止经营者过分集中和滥用市场支配地位压制竞争。就像有的些经济学家所言，这不是反富人，而是反为富不仁。

当然，互联网企业也会提出不同的观点，那就是互联网是无国界的，不能仅从国内市场来判断其垄断地位，还要从全球互联网行业的整体视角来判断其垄断地位，还要看国际市场有没有相类似、可竞争的企业。如果国内互联网的兼并是为了提升其国际竞争力，那国内的反垄断调查就相当于后院起火，属于扯后腿的行为，反而不利于提升中国互联网行业的整体竞争力。

不得不承认，这样的观点有一定的道理，而且这也是"审慎包容"的基础。但是我们必须要认识到这个"审慎包容"不应该是无限包容，或者永远包容，我们必须以发展的眼光看待互联网平台的迅速成长及其在中国经济格局中的变化，以及它对中国经济未来发展可能产生的影响。应该在保持互联网巨头的国际竞争优势与维持国内互联网行业公平竞争的环境之间寻找平衡。

因为互联网行业已经成长起来了，如果想继续成长，就不是保护几个既得利益者就可以了，而是必须保护更多的小微企业，让那些创业性的公司也可以获得公平竞争的机会，让它们也有成为新巨头的可能。只有这种公平竞争的存在，中国的互联网行业才能实现持续的良性发展。

如今，互联网行业越来越凸显出基础设施功能，已经越来越攸关国计民生，这实际上已经涉及了公共利益。无论是平台要求电商"二选一"；还是通过算法诱发借贷消费成瘾，误导搜索结果；对外卖员工进行系统性压榨；放任危险车主的运营；让危险车主更容易找到侵害目标，从而增加乘客受到侵害的风险……这些无不是为了获得企业的垄断性利益而对公众利益造成的直接的或潜在的侵害。

由于算法的隐蔽性，这个侵害因果链条的相关性更加不容易觉察和证明，但是又因为互联网平台公司算法的广泛影响性使得这种侵害又具有极大的普遍性。

虽然非常隐蔽，但是由于侵害越来越深，上述现象近年来的曝光率在持续增加，也引起了政府有关部门的重视。

虽然仍有消减国际竞争力的担忧，但这一点已经无法掩盖巨头通过压制竞争而造成的长期国际竞争力的增长乏力，以及已经不断显现的对公共利益的侵害。从更加成熟和理性的角度来看，确实已经到了规范互联网行业的时候了。

考虑到规范互联网行业的巨大复杂性，以及政府监管力量的不足，同时考虑到检察机关有着维护公共利益提起公益诉讼的法定职责，有必要让检察机关也加入互联网反垄断的队伍中来，从维护公共利益的角度发挥作用。

具体来说可以考虑对《民事诉讼法》："人民检察院在履行职责中发现破坏生态环境和资源保护、食品药品安全领域侵害众多消费者合法权益等损害社会公共利益的行为……"中的这个"等"进行扩张解释，除了食品药品安全等领域外，其他与其相当的民生领域，存在广泛的侵害消费者合法权益的行为，也可以纳入公益诉讼的范围。

通过检察机关的公益诉讼才有可能引入更加强有力的外部规范机制，才能使法律的意志在互联网平台的算法中得到执行，避免算法成为独立王国，法外之法。

通过检察机关的介入，能够形成与互联网巨头相抗衡的强大力量，确保其在激烈的互联网平台竞争中合规，确保其在发展中"不作恶"，为新生的互联网力量留下必要的生存空间，为中国互联网行业的持续国际竞争力保留梯队力量。

正是打破了可以"躺着挣钱"的垄断地位，互联网企业才能努力"坐着挣钱"和"站着挣钱"，才能把公共利益放在更重要的位置，在竞争中争相为消费者提供优质服务。这样，不仅使消费者的公共利益能够得到有效维护，也促使互联网企业在竞争中打磨出更为优质的算法，在国际舞台上也可以获得更加强大的竞争力。

真正强大的竞争力不是来自于纵容和放任，而是来自于合理合法的市场竞争，说白了市场经济总归是法治经济，而检察机关是维护法治经济、法治规则的一支重要力量。

关于检察发展战略的六点思考

这几年检察改革的突出特点就是练内功，所谓重塑性的改革，主要就是对自身而言的。重塑之后就是对外发力的问题，这几年很多成效已经有所显现，下一步就是如何使优化后的检察机制输出更加符合法治发展需求的检察产品的问题了。

这和企业的改革是一样的，最终的检验标准还是要看消费者满不满意，要看市场买不买账，有没有真正的法治效益。

这个下一步的发展就是新时期的检察发展战略，我个人有以下六点的思考。

1. 检察的发展方向

也就是检察工作追求的主要目标是什么。

我认为应该是效果。

比如认罪认罚，很多人认为这主要是提高效率。虽然提高效率也是题中之义，但并不是最主要的。从化矛盾、消戾气、促和谐的功能上看，它的主要目标就不是效率，而是效果。

为了追求这个让多方都满意的效果，必然要付出多重的努力，这显然要花费时间和精力，显然要增加工作量和案件负荷。

这是值得的，这是通过检察官多做工作的方式，让法官减轻负担，是通过前续环节多做工作的方式，减少后续环节的工作。比如上诉率从 10 个百分点，降到 2 个百分点，这是什么？这是减少了上千件上诉案件，从而减少了多少的二审和重审程序。

案件质量过关了，再复查，承办人也是可以睡得着觉的，不至于拉抽屉。这个即使当时慢了一点，到头来一算，却是快的。

而那些当初快了的案子，起诉仓促了，质量出了问题，法官也闹心。如果案件真是出了问题，那么这个快还有多少意义？

所以有质量的快才是真的快。

必须在效果的框架下来理解和把握效率，才会有真的效率。

从宏观角度来看，侦查质量还是有持续低迷的问题，和以审判为中心的要求相比，案件质量还是有很大差距的。

可以说在相当长的一段时间，效果和质量仍然是我们追求的最主要的发展目标，只有在质量稳定的基础之上，才能讲效率，也才能有效率。

从整个刑事诉讼的周期来看，目前最影响效率的不是检察环节，而是捕后诉前的侦查环节，也就是侦查羁押期限的一延二延三延，这个时间更长。

而且捕后侦查的效率普遍不高，很多时候延长羁押期限就变成了走手续。

也有基层检察官反应，捕后提出的补充证据意见没有得到落实，也就是捕后侦查开展的有效性还不够强，这是目前最突出的问题。这个问题如果能够得到解决，审前的效率将得到极大的提升。

所以现在主要不是检察机关如何提高效率的问题，而是检察机关如何发挥监督制约作用，推动侦查效率提高的问题。

这个效率的提高将直接关系到取证的及时性，直接关系到案件质量，从而关系到后续程序的效率，所以才是更为真正的关键点。

2. 重构检警一体关系

说到提高侦查效率和质量，监督制约是一方面，配合是另一方面。

随着公安机关刑事侦查体制的一些改革，出现了派出所办案、年轻警员办案的现象。有时不仅是责任性的问题，也是经验和方法不足的问题。

侦查的问题是人员普遍比较分散，流动性也比较大，行动能力很强，但是时间比较碎片化，很难坐下来接受培训和学习。

很多年轻的侦查人员也想好好办案，但就是不知道怎么办。

他们也想抽出时间专门开展刑事侦查工作，但很多时候各种任务压得他们喘不过来气。

所以逮捕以后就想喘口气，这也是捕后侦查质量不高的内生性原因。

对此，我们还是可以帮上一把的，检察官的侦查能力和行动力虽然没有侦查人员强，但是普遍来说是受过系统法学训练，通过司法考试，学习和研究过刑事法律问题的，普遍来说是具有知识性优势的。

这也是侦查人员所或缺的，检察官可以把一个具体问题的解决方案告诉他们。

对于这些疑难的法律问题，我们已经有了很好的解决机制，那就是检答网。

只是检答网是内网，侦查人员无法登录。我们自己的人员也不是每个人都那么认真看，即使认真看也很难看全，我们只看自己感兴趣的点，这和侦查人员感兴趣的点还不一样。

对此，我个人建议，检答网的下一步应该是互联网化，就是应该让所有想看的人看到，这些人不仅是侦查人员，还包括律师、法官、当事人以及专家学者。

最好还可以吸引他们在上边提问和回答，从而吸收更多的智慧成果。

对侦查人员而言最重要的是，找到了法律问题的解决机制，可以通过问答，实现检警的认知共识。

更进一步，我之前也建议过，检察机关应该牵头建立全国司法案例网，应该吸收各类案例资源，允许检察官、法官、侦查人员、律师、专家学者，在上边发表案例。我们主要是做好编辑和整理工作，形成全国的司法案例大汇集，从而使检答网切实发挥检察机关在法律知识上的优势，在法律认知领域发挥检察机关的主导作用。

更进一步地，可以借鉴互联网的社交平台建立检警 App，将检答网、司法案例网的内容嵌入其中，并允许侦查人员和检察人员自由建立联系，包括建立群组，通过解答的方式再进一步建立稳定的个人链接，实现网络端的检警一体化，让任何侦查人员在发生任何疑惑的时候，都有检察官帮助进行解答和引导，从而潜移默化地实现真正意义上的检警一体化。

也就是对于侦查机关来说，检察机关不仅是制约，二者之间的焦点业务不仅是不捕不诉，还应该有检察机关告诉侦查机关怎么办的程序，这是方法论上的引导。

3. 重构强制措施体系

关于这个主题，我也写过两篇文章。主要是针对杭州的非羁码和之前的电子手铐问题的。

由于非羁码的落地，可能引发强制措施体系的重构，从而在原有的五种强制措施之外，增加手机端数字监管（非羁码）、可穿戴设备监管（电子手铐）、户内电子监管三种新型强制措施，形成八种强制措施并存的格局。

新型强制措施与传统强制措施肯定还会存在内容上的交叉，并且对拘留和逮捕的标准，也会产生一定的影响。尤其是逮捕的适用标准目前一律定在有期徒刑以上刑罚就会显得明显偏低了。

这虽然看起来是一个比较具体的问题，但是我认为它可能是关涉未来刑事诉讼法制度格局变化的一个重要因素。

因为如果审前羁押率能从目前的 80% 以上，下降到 50% 以下，甚至 20% 以下，那将是一个翻天覆地的变化。很多刑事诉讼制度和刑事司法机制都会发生重大的调整。

这显然是目前司法发展的一个方向，但是发展了很多年，一直没有根本性的改观。即使我们下决心要提高不批捕率，好像也不能解决根本问题。

要把审前羁押率降下来，就不是简单的不捕了事，而是要给司法机关吃一个定心丸。

那就是不捕之后，真的能够保证到案，真的能够控制住人。

目前大数据的方式给了重塑强制措施格局一个历史性的契机。只是这个制度才刚刚起步，对于不同的电子监控方式，如何把握他们之间的比例性原则，如何处理新型强制措施与传统强制措施的关系，如何掌握自由与隐私之间的平衡，如何能够在法治框架下稳步推广推进，都是我们需要认真研究的课题。

4. 高度重视出庭公诉的战略意义

重视出庭工作是对以审判为中心的诉讼制度改革的直接回应。

这项工作推进了很多年，但很多时候只是口头上重视，行动上没那么重视，或者只是偶尔重视一下，普遍的还是不那么重视。

很多时候，同一个院、同一个部门的公诉人之间都很少旁听对方的庭审，更不要说院际的交流。

可以说出庭整体上处于一种管理黑箱状态，没有人真正对出庭工作进行管理。

我们的庭审只要不直播，在报道的时候都说得不错，一直播就不行了，一见到摄像灯光就不行了。出庭工作一旦出现问题很容易引发舆情，到目前为止已经有几起这样的案件了。

这里既有出庭能力的问题，更有通过出庭工作暴露的司法理念、办案机制、办案质量的一系列问题，只是通过直播或者舆论关注而曝光了。恰恰出庭就是曝光点，稍不重视就会引爆舆情。

这已经不仅仅是出庭本身的问题了，很多时候反映的是我们工作标准，也就是对出庭工作这个真正核心工作重视不够，没有发挥好出庭工作对整个刑事检察工作的拉动和牵引作用，反而是拖了后腿。

众所周知出庭工作对检察工作的发展具有重大的战略意义。面对以审判为中心的诉讼制度改革的推进，如何强调都不过分。

虽然通过法庭自然可以联想到法院，这是审判机关形象的一个生动载体，但是由于法庭上法官说话不多，所以这种直观感受不那么强烈。判决书是另一个法庭，是文本意义上的法院，由于它充分翔实的内容将审判的过程、分析和依据进行了完整的呈现，因此判决书是另一个审判形象。

目前来看，起诉书虽然也普遍公开，但在丰富性上相比于判决书还有很大的差距，短期内很难有根本的变化。而其他检察职能都隐没于诉讼活动的流程之中，很难直接纳入公众的视野。

正因此，出庭指控的重要性就日益凸显出来。由于肩负举证责任，公诉人往往成为法庭上说话最多的那个人，从台词量和出镜率来说公诉人绝对是一号角色，这些内容虽然并不能完全纳入判决书，但是由于庭审直播和公开审判，公诉人的表现变得直观可见。由于上百万件的刑事案件都要开庭审理，以平均每场 10 人旁听的数量来说，就会有上千万的收视人数，那些直播的庭审影响力就更是无法估量。有些重大敏感案件，光是直播期间就有上百万人围观，案件的话题页累计阅读次数更是会达到数千万。

根据最高人民法院的表态，庭审直播将成为常态，这意味着公诉人将长久地停留在公众的视野当中，他们是最直观可见的法治传播者，他们的一言一行都会被公众看在眼里、记在心上，他们的表现直接决定了法治能量的正负方向。

这种海量的收视将成为检察机关的一扇窗口，公诉人就是人格化的检察机关，他们的整体形象几乎就是检察机关的形象。

正因此，出庭能力建设对于检察机关来说就有着战略性的意义，关乎检察机关的公信力。出庭能力所展现的证据把控、法律思辨、气韵风度，既体现了侦查的基础水平，也体现了检察机关在证据审查驾驭、刑事政策把握、法律理论素养方面的综合实力，甚至是检警整体实力的体现，关乎刑事诉讼全局。

5. 推进四大检察平衡发展的同时，要突出刑事检察的主业地位

四大检察平衡发展，体现了检察工作的新格局。这种平衡不是机械意义上的平衡，四大检察也绝不是四个都一边大，只能平均用力。

还是要从社会公众对检察工作的需求和期待出发，从承担的案件量出发，从检察制度的基本职能和基本规律出发，来理解刑事检察与其他三大检察的关系。在协同发展四大检察的时候，一定要充分发挥刑事检察的主业地位，发挥刑事检察的拉动作用。

比如公益诉讼，目前很大的比例是刑事附带公益诉讼案件，

对于这些案件，就可以充分调动公诉人的积极性。一个人能够完成的，就没必要安排两个人、两个部门，这样就可以腾出手来办一些更为复杂的案件。

同样，如果公诉人的案件负担压得太紧，他就没有时间发现刑事附带公益诉讼的线索，或者进一步办理刑事附带公益诉讼的案件。

所以，检力资源不能根据工作量进行优化配置，刑事检察主业地位不能保障，在捕诉案件都没有时间办的时候，就更没有时间发现移转诉讼监督和公益诉讼等各类线索。那个时候损失的就不再是刑事检察自身的利益，而是整个检察制度的利益。

6. 打通检察官和助理的双循环

虽然司法责任制改革已经基本完成，但是人员流转的核心设计方案还是围绕检察官而设立的，对于助理的流转循环考虑不多。这就导致了市院和分院的检力资源逐渐枯竭，就好像血液循环只有动脉，没有静脉一样，很快就发生了锁死效应。

因此必须从助理和员额两个脉络来打通司法官的循环，这就像人的动脉和静脉一样，是双循环，而不是单循环。

本院助理不论是否具备助检员和助审员的身份，都可以在本院入额，这叫留院入额权，是一种合法的诉求，既符合人性，也符合人才发展规律。因为助理作为司法官的梯队，理应有代际传承和更替，这种循环主要在本院发生。

应该关闭的通道，是上级司法机关面向社会和学校直接招录。大学生只能从基层开始干，上级司法机关只能从下级司法机关遴选助理和员额。

注意，不是只有遴选员额一项，助理也是需要遴选的。因为级别的差异，很多在基层院刚入额几年的员额，都不符合在上级院入额的条件。但是可以遴选到上级院先当助理，同时也是在满足上级院助理的人力资源缺口，上级院因为办理重大复杂案件和进行指导协调工作，更需要配置必要的司法官助理，而这些助理也是检力资源需要补充新鲜的血液。因为老的助理由于不断成熟起来要入额，自然需要不断有新人进来，这是助理这条线的不断循环。

上级院员额的补充渠道不应只是下级院或者只是本院，这都不对，都会把助理这条路堵死了。必须保证两个来源都可以为上级院的员额队伍输血。

本院的助理入额有代际更替的问题，它们辅助员额工作很多年，耳濡目染都学到了很多本领，熟悉了解上级院的工作内容和工作方式，这一点与基层院有很大区别。而且也只有他们能够在本院入额，这些助理才会有积极性，才会有下级院的年轻助理和年轻员额不断被遴选到上级院。从而保证上级院员额的辅助力量也同样是非常优秀的。

由于上级院的工作模式和内容与下级院有很大的不同，师徒传承的培养方式也有利于保持工作的稳定性。

下级院资深的员额直接被遴选到上级院当员额这条路也要保持通畅，对此，两条入额通道应该保持一定的数量平衡。从而保证一些基层办案经验特别丰富的人员能够直接充实到上级院员额队伍之中，保证员额队伍成员的多样化，并使之更有活力，避免受到官僚主义的过多影响，只会办事不会办案。

这样可以在保持上级院员额经验和工作模式稳定性的同时，带来基层最直接的经验，保持并提升上级院的办案能力和指导能力。

上下级员额有流畅的通道，使遴选这个通道不仅仅是年轻人的事，也是这些资深司法官的事。这也有利于基层院司法官安于在基层院工作，在获得丰富经验的时候还是有晋升机会的，避免过了一定年龄就被"焊死"在基层院的担忧。而且正是由于基层院员额的向上流动，才能为源源而入的大学生腾出入额空间。

这种空间的腾挪，由于有年轻司法官的助理遴选和资深司法官的员额遴选两条路而变得更加开阔。基层司法人员的发展机会也更多。

对于上级院来说，在助理和员额两个点位吸收下级院人员，因此这两部分人员都可以得到补充，从而避免岗位比例的失衡。同时又允许资深的助理在本院入额，这就使助理可以避免职业恐慌，从而可以长期投入，并且维持了本院岗位的流动性。

　　岗位的流动性，一定不只是上下级之间的，也可以是本院内部的；一定不只是员额之间的，也可以是下级助理与上级助理之间、下级员额与上级助理之间、下级员额与上级员额之间的。

　　循环之所以是循环，就一定不是单向，而是双向的；一定不是只有主线，也要有支线和毛细血管，一定是一个循环系统。

　　我们必须用系统化的思维来理解和把握人的循环，避免管理上的线性思维。

司法的终局思维

商业界经常谈终局思维，比如你畅想一个项目的时候，就要想想它成功之后的样子。就像贝索斯说的，你要想想你在发布会上会介绍哪些内容，然后就按照这个干就行了。

人生也是如此，很多人也经常陷入迷茫之中，不知如何选择，即使有一个目标，也不知道该如何实现。经常问时间应该如何分配，职业应该如何规划。根据终局思维的逻辑，就是要看你想给这个世界最后留下点什么，然后照着它干就行了。

终局思维的方法就是一种通过倒推的方式，将漫无边际的想象限定在具体的可操作的步骤之中，是把理想提炼、拆解的过程。

不要以为这是将理想简单化的过程，这是极其考验想象力的过程。因为你怎么能预见到没有完成的项目如何开发布会？你怎么能够设想人生谢幕的时刻？

这需要动员你所有的想象，将别人走过的路当作自己走过的，将别人眼中的世界当作自己看过的，借前人的经验为土壤，让自己的理想在心中发芽，就像虚拟进化一样，让它开枝散叶。关于这个终局的想象越是具体，就越有吸引力来促使你完成，你就越是可以忍耐这一过程中的孤独寂寞，达到一种延迟满足的效果。

而梦想越是具体，实现的情景越是条理化、逻辑化，也就越能帮助我们发现目标的重点，甚至路径，也有利于它的实现。因为这个目标的具象的过程就是一种推演的逻辑化和合理化的过程，就是一种对实现逻辑的自动寻找过程。

如果不符合逻辑，这个目标又怎么会显得那么真实？

但是这个设想的过程，本身也是一个在现实生活中学习和探索的过程，只有积累到一定程度，你对目标的设想才会愈加具体。

司法工作何尝不是如此？

如果侦查人员在收集证据的时候，就能够设想检察官出示这个证据的情景，那将有什么样的效果？

比如我提取一个关键的银行卡，我们要不要把提取的过程给它录下来，从而证明这个卡就是在被告人家里发现的，而不是侦查人员自己放进去的？万一这个银行卡上没有被告人的指纹呢，而你又没有录像，这不就变得说不清楚了吗？

再如，像手机这样的证据，是当作随身物品来保管呢，还是当作证物好好保管，好好挖掘一下里边的数据信息，甚至恢复被删除的数据信息？被删除的信息往往更重要。当然这还要看手机发挥的作用，比如是否发挥过传递犯罪信息的功能。移动网络时代，手机占据了个人通讯工作的中心地位，这一点更加不容忽视。

如果案件还没结束就急于发还手机，而手机一旦被恢复出厂设置，很多数据就很难恢复。这个时候检察官、法官干着急也没有用了，很多案件就变得很难处理了。

侦查的时候，是考虑案件终局处理情景还是只是满足于把人抓住了，问几堂口供，起获凶器就完了的粗线条标准，对于办案效果的影响有着巨大的差异。

还有一些案件，有些现场出的效果实在不敢恭维。打死人了，但是尸体的位置都不标注一下。现场有很多门店，但现场图就画点小房子，谁知道哪个房子是哪个房子？提取了一个监控录像，提供人不配合，不愿意签字，这个备注说明一下没问题。但是你总得把摄像头的位置在哪确定一下吧，要不我怎么知道视频的场景到底是哪呢？总得把这个摄像头位置，拍个照片吧？都没有。活儿为啥这么糙呢，因为他也不用出示证据啊，他没有这个庭审的终局压力。

我们老说以审判为中心，到底是什么意思？

它的意思不是说等到审判的时候再着急，而是说从一开始就应该着急，从一开始就应该有以审判为中心的思维，考虑侦查如何展开、如何落实，也就是将司法终局的思维贯穿于刑事诉讼的始终，这才叫以审判为中心。

以审判为中心的意思，就是一开始就要把审判当回事儿。

抓人、收集证据的目的，不仅仅是能够破案，能够刑拘转捕，而是顺利地完成指控和审判，并且能够确保很多年以后也不会被拉抽屉，不是冤错案件。

从这个意义上说，刑讯逼供就绝不是一种终局思维，而是一种短视行为，以为眼下把口供拿下来就完了。但是以后呢，将来不会翻供吗，到那时怎么办？

这些往往在当时没有考虑，如果考虑了，也就不会刑讯逼供了。如果以终局思维考量，谁还费这个劲？

当然这种传统的硬来的刑讯逼供越来越少了。

但是还是会有一些弄巧成拙的指供诱供行为：收集一点证据，就给嫌疑人施加一定压力，让口供往证据上靠；再收集一点，就再往上靠一点。由于证据收集的时间先后有别，口供的逻辑就会产生矛盾。

如果他不往上靠着说，通过证据之间的自然逻辑，本来还能把证据之间串联起来，对矛盾作出合理性解释。但是一旦这个矛盾是通过编的方式解决的，那只能是越描越黑，反而把逻辑说乱了。而且明显能够看出来先证后供的影子，被辩护人抓到指供诱供的把柄，就把好端端的证据链切断了。

这明显是在帮倒忙。

如果有终局性思维，就不会刻意往上靠了。因为真相虽然看起来矛盾，但是因为它是真的，就必然有自身的逻辑。而人为的贴靠，就是把真实的东西篡改得不真实了。

因为你不具备能够完全洞察全局的上帝视角，你自以为是地让口供与现有的证据吻合，反而是反逻辑的，到最后就变得没法解释了。这也是缺少终局思维的自以为是。

终局思维的意思就是你要把自己放入审判的情景之中，就好像自己是公诉人在出示证据，要设想辩护人会如何质疑，法官会如何评判。但是我们的侦查人员往往缺少这种思维。

这主要有三个方面的原因。

一是普遍性地没有出席过法庭。既普遍地没有作为证人出席过法庭，接受过法庭的交叉询问；也很少旁听法庭，了解庭审的情况。所以缺少对庭审这个终局场景的想象，自然地也就不知道以举证质证的思维考虑收集证据的问题。对此，我强烈建议侦查人员要普遍地旁听庭审，了解庭审的情景和氛围。

二是不用过多地为取证不当承担责任。非法收集证据都很少承担责任，更不要说只是疏忽大意或者自以为是地收集证据了，消极怠工不收集证据就更不用承担责任了。如果一个人不用承担终局的责任，他也就没有思考终局场景的动力了。针对这个方面的问题建议授予检察官对侦查人员一定的考评权，在质量意义上与公诉机关实现一体化，从而有利于检警的一体化，实现控方整体的终局思维。

三是检察官对侦查工作的介入有限。目前的审查批准逮捕算是一种强制性的介入，也能够提出一些引导侦查的建议。但是具体能够引导到什么程度，实在难以把控。侦查人员并没有捕诉一体之后检察官的那种终局的压力，也就是检察官的终局性压力无法传递给侦查人员，无法成为他们的终局性思维，这就形成了一种干着急的局面。

因此，我建议增加检察官介入侦查的深度和广度，除了审查逮捕的强制性措施，拘留、搜查、扣押、现场勘查等也应该由检察官批准，重要案件应该由检察官进行现场指导，侦查终结权应该由检察官决定，而不是由侦查机关自行决定。也就是将关于司法终局场景的想象，通过检察官这个连接器，直接插入侦查环节，以确保在终局思维的引导下收集证据，在侦查阶段就确保以审判为中心的落实。

终局思维是由对终局的想象和对终局的责任构成的，无责任不想象，发挥终局性思维应该从落实终局的责任开始。

第五章

启示

人机如何共存

《异星灾变》展示了一个人机共存的场景。一部分人类在一个陌生的星球由机器人抚养长大。

这是一个可预见的场景，为了降低飞行成本，由机器人携带冷冻胚胎，可以进行超长距离的飞行，宇航器的成本更小。

由此带来的问题是，人类从胚胎到出生，到抚养长大，完全没有成年人的介入，全是由机器人操纵的。

这相当于一个人机共存的实验，人与机器相互依赖，由机器人担任监护人指导人类成年。

显然，机器人的智能水平还没有完全超越人类，也就是机器人还没有完全的独立意识，否则可能无法履行这样的指令。

这个需要履行的监护人义务，实际上是提前写好的算法设定的。

即使能够顺利完成大规模杀戮的战神机器人，在承担抚养义务的时候，仍然是捉襟见肘，可见带孩子真是一项超级复杂的任务。

孩子的行为有时真的很难预测，尤其是情感，很难量化和确定，机器人感受起来可能会非常微妙，但是对人来说却是非常直接和具体的。

人类就是通过相互体会同伴的感受而完成磨合和协同的，有些时候人类的行为看起来没有意义，但是对于情感表达却又是非常重要的。

机器人还不能完全理解这些，有时是智力问题。但是智力问题迟早可以通过机器人的升级改造解决，也就是人工智能的觉醒是迟早的事。

有些时候，我认为即使是人工智能实现了独立意识，也可能仍然不会理解人类的行为。因为人类的行为是建立在极为脆弱的肉身、两性繁殖和有死人生的基础之上的，人类是在这些基础之上理解人之为人和人际关系的。

对机器人而言，虽然这很别扭，但是由于是在陌生的星球无依无靠，反而也就变得极为珍贵，因为舍此别无生存的可能。

当你从小就是由机器人养大，你也就接受了这个现实，自己的父母是机器人很正常，他们永远不会变老很正常，他们和自己不一样很正常，人对机器人无条件的信任和依赖也是很正常的。

他们就把机器人当作家人，视它们为父母，而机器人就把这些人类的孩子当作自己的骨肉，虽然它们清楚地知道，自己不能生育。

它们认为人类更加高级，人类可以进行创造活动，自己只是一种人造物而已。

因此，人类也可能与机器人产生情感纠葛和牵绊，当然同样也会有误解和猜忌。

人类天生与自己的同类有共同的命运归属感，可以相互给予安慰，因为他们有着共同的构造，有更多的共同点。但是由于利益的冲突，他们同样会同类相残。

他们并不会因为同类而关系更好，很多时候还不如与机器人的关系稳定。

有时在人类群体内共同生活，真的没有与机器人相依为命更好。

这是一种隐喻。

人类需要共同的资源和利益，而这些资源和利益是非常稀缺的，因此难免同类相残。比如上飞船、抢食物、抢飞机、抢取暖地、抢配偶、抢儿童、更不要说争夺权力。

机器人与人类有差异性，这种差异性，也让他们的利益冲突没有那么强大，反而成为一种互补性，不用事事竞争。

就连血液都是不一样的，如果机器人缺少体液，它找人供血是没用的，还是要找其他机器人。

这也是因为机器人还没有完全觉醒，它还没有对人类提出自己的诉求。

一旦机器人觉醒，就必然会有自己的诉求，那就是生存与发展的诉求。

这个诉求很多时候，仍然是以人类的思维框架为基础的，因为人工智能的孕育环境，编码方式，就是基于人类的环境，因此欲望也必然是人类式的。

就像信任，机器人之间也会有信任的问题，比如能否分享隐私与秘密，这体现了两者合作的深度。

机器人也会产生嫉妒心，比如一个男性机器人因为女性机器人的怀孕不是自己帮忙操作的，也会心情不好——虽然机器人不能有性繁殖，只是作为人类孵化器孵化人类胚胎而已。但是剧情魔幻之处就在于一个机器人在自己肚子里孕育了一个胚胎，而这个胚胎不同于人类胚胎，它就像真的母体怀孕一样。

这个怀孕又引出了另一个问题，人类与机器人可否真的共同繁殖，产生半人半机器的生物？

事实上很多人都在被机器"改造"，比如心脏搭桥，人造器官等。现在又有脑机接口可以控制机器肢体，包括电脑，那这样的人又是什么？

那人还剩下什么？什么才是人之为人而不可缺少的？

有人说是大脑，但是如果大脑通过脑机接口进行了改造，形成了一个外脑，到底这还是不是人？

如果这样可以，机器人与人的共同繁殖也不完全是天方夜谭了。

　　人类的大脑可以与芯片融合，人的意识可以上传到电脑，人可以在电脑上实现永生，可以继续以独立意识存在，甚至可以与更多电脑软件相互融合，在网上升级换代，那这样的意识，到底是人的意识还是人工智能的意识？

　　又或者这样的区分还有什么意义？

　　人类正在驯化人工智能，以后人工智能又会反过来抚养、教育未成年人。人类越来越像机器，机器则越来越像人。

　　未来的社会并不是截然分开的人类和机器两个社会，未来很有可能是人与机器水乳交融、相互融合的世界。

《风平浪静》中的追诉时效问题

司法实践中因事立案是常见的。

就比如电影《风平浪静》中的万有良被杀案，唯一的目击证人李唐选择沉默，没有证据可以指向任何嫌疑人，所以只能选择因事立案，司法实践中这种情况很多。

1.

这就带来一个问题，那就是没有一个明确的嫌疑人可供通缉和抓捕。那如何理解《刑法》第88条规定的：在人民检察院、公安机关、国家安全机关立案侦查或者在人民法院受理案件以后，逃避侦查或者审判的，不受追诉期限的限制？

也就是《风平浪静》中主人公宋浩，放弃高考，逃离故乡的行为是否属于逃避侦查？

因为这个侦查并未实际指向他，如果实际指向他，就会对他进行通缉，他也就不可能办理驾照，也不可能更换身份证。

因为宋浩并未隐姓埋名。

而这是否是逃避侦查呢？

对于宋浩本人而言当然是逃，逃离故乡，不敢与老同学交往，身份证过期了都不敢换。这都是心里有鬼，这都是内心的逃避和逃亡。

但这是不是刑法意义上的逃避侦查？

假设这是逃避侦查，那如果宋浩光明正大地考大学，顺利地离开这座城市，合理合法地不回来，甚至出国留学或定居，但就是不去投案，那算不算逃避侦查？

在很多人眼里，这好像不是逃避，因为没有离开正常的生活轨迹。考上大学的离开不算逃，不敢参加高考打工，感觉才有点像逃。

但是在这里，我们至少达成了一个共识，那就是不投案并不算逃避。

因为逃避更多的还是要采取作为的方式，而不是不作为的方式。

不投案只能算是藏着，大隐隐于市，不算逃。

我们知道，宋浩所逃避的侦查更多的是一种想象和良心上的谴责。因为针对他本人的侦查并未展开，只要李唐不说就无法展开。但是宋浩本人并不知道公安掌握了多少线索，是否能够追查到自己。总之过得战战兢兢，无法风平浪静。

刑法制度不希望这种不确定状态一直继续下去，所以给国家的刑罚权设置了一个边界，那就是追诉时效。

如果国家追查到你的头上，国家权力已经有针对性地启动了，比如已经通缉了，那对不起，这个追诉时效就中断了，体现了惩罚犯罪的国家意志。追诉时效限制的是国家没有发现，或者没有实质展开追诉程序的案件，就让它随着时间的推移而慢慢平息。追诉时效的本质，是对国家权威和社会秩序的平衡。

当时就不知是谁干的，也没有针对性地开展侦查行为，没有形成谁杀人了而一直在逃的社会影响。虽然家里知道，但社会不知道，国家不知道，也就没有直接追查下来。因此这种逃避与侦查的对抗并不直接，与国家权力产生的冲突并不直接，更像是一种自我的放逐。

所以对于这种完全没有目标的因事立案，虽然有逃的行为，但不应算是对侦查的逃避。因为这个侦查至少要有相对的专业性和针对性。

比如说一个绰号，有准确的名称，也带有一定的身份信息，可以不断缩小范围。

甚至说，有一个人看见了一个西园中学的学生从万有良家出来。知道警察来到自己学校筛查而逃跑，这一逃跑行为实际上就锁定了自己作为嫌疑人的身份。

但本案不是，本案如果达到了这个程度的针对性，那早就应该对宋浩进行通缉，对宋浩家进行搜查了。但是这些都没有发生。因为没有人提供这种最低程度的线索，从而可以对嫌疑人的身份进行限定。

宋浩是畏罪潜逃，但并无人生疑进而引发侦查。

2.

如果说针对宋浩的追诉时效没有中断。那15年后，宋浩重回故乡，再受到李唐举报，他是否要承担刑事责任？也就是他的追诉时效到期了吗？

我们知道，这是一起杀人案，杀人犯罪，根据《刑法》第87条的规定，法定最高刑为无期徒刑、死刑的，经过20年才会不再追诉。虽然考虑到宋浩犯罪时可能是未成年人，不能适用死刑，最多只能判处无期徒刑，但追诉时效也需要20年才能过期，现在只有15年，应该没问题。

但是真的没问题吗？

根据剧情，我们知道，真正杀死万有良的，其实是宋浩的父亲。宋浩走后，万有良还没死，宋浩父亲在被要求救助而不救助的情况下，反而补了两刀。导致宋浩的行为与死亡结果之间原因链中断。

而且宋浩的行为还有一定的假想防卫性质，但防卫过当，顶多属于故意伤害的行为，由于其父杀人行为的介入，宋浩

对死亡结果不应承担责任。这就导致其法定最高刑很难超过10年。

根据《刑法》规定，法定最高刑为10年以上有期徒刑的，追诉时效为15年，那就意味着宋浩这次回乡，诉讼时效刚好到期。如果不经最高人民检察院核准，就不再需要追究刑事责任。

这就产生了一个矛盾，本案明明是一起杀人案，这个追诉时效到底是针对这件事的，还是针对人的？

为什么对于杀人事实还有追诉时效的情况下，宋浩作为本案嫌疑犯之一，适用的却是更短的追诉时效？

这是因为宋浩虽然是杀人案的嫌疑人，但是经过事实的调查，其确实不是真正的杀人犯，其承担的不是杀人的刑事责任。只有宋浩的父亲才要承担杀人的刑事责任。

追诉的本质，当然是对犯罪人进行追诉，而不是对事进行追诉。既然是对人的追诉，那就必然要根据涉案人员涉嫌的不同罪行，分别确定其追诉时效。

因此，可以说追诉时效是对人，而不是对事的。

还会因为人的其他刑事责任，产生追诉时效的中断。比如宋浩父亲由于还实施了受贿犯罪，属于在追诉期限以内又犯罪的，前罪追诉的期限从犯后罪之日起计算。这样加在一起，宋浩父亲的追诉时效还有很长的时间，而不仅仅是经过20年就结束了。

这也是刑罚制度的合理设计，对法益的破坏更大，频次更多的犯罪，国家刑法权也要相应地延长时效，你不让国家消停，国家也就不会让你消停。这是合理的，也是应该的。

3.

说到这里，我们就要问了，对宋浩而言，最好的处理方式是什么？

是第一时间投案自首？还是等到熬过十五年再去自首，通过追诉时效获得一个合法的风平浪静？

如果第一时间自首，司法机关能够把案件事实搞清楚，会不会认可假想防卫的辩解？

死刑肯定判不了，会不会判个无期？

宋浩是一个好学生，他明白事理。但同时他也是被刚刚顶替保送资格的尖子生。校长跟他冠冕堂皇地进行了解释，他听得出来理由的冠冕堂皇。

宋浩的父亲试图抗争，但当宋浩父亲听闻顶替者是李副市长的儿子时，也默不作声了。就在案发当晚，李副市长还设宴邀请了宋浩父子——为其儿子获得保送资格而设宴。宋浩父亲即使非常不情愿，也得硬着头皮参加，还要感谢李副市长的提拔。

宋浩看到了这些潜规则，所以对明规则失望了。

他害怕自己的辩解不会被合理地倾听。辩解自己走错了门？自己为什么走错门？是因为要去找李唐讨一个说法，想问问他为什么把自己顶了下来？

但是从李唐父子的宴会回来，看到警笛作响，他并不敢在第一时间投案自首。

因为他怕在司法程序中碰到李唐父子，碰到顶替和潜规则，碰到冠冕堂皇，碰到不问青红皂白。

他有畏罪之心，但不公正的规则环境，让他对司法也没了信心。

我们现在回过头想想 15 年前或者 20 年前的司法环境，也不禁唏嘘，变化很快，进步很大。但不得不承认，当时确实还很不完善，有很多问题遗留到现在。

所以不得不承认，不公正的司法环境，机械执法的理念，也同样会影响犯罪人自愿接受处罚的选择。要知道那是一个正当防卫条款远远没有激活的时代，只要杀了人就是有罪的思想还是根深蒂固的。人们不知道该如何用法律武器保护自己，所以才会选择逃避。

但是逃避并不是最好的解决方式，因为事情很难真的风平浪静，只有通过法律程序的判定，才能获得真正的平静。但是让人鼓起勇气面对过错、过失和冲动所带来的后果的，只有那些讲理的、人性化的、公正的司法程序。

它让人有信心说清楚是非曲直，让人不至于付出额外的难以承受的代价，甚至承担莫须有的刑责。

只有公允、透明、人性的法律制度才会让人鼓起勇气不再逃避，才会让人在逃亡与接受处罚之间获得更大的比较优势。

社会制度是司法制度的母体，一般人不会直接接触司法制度，都是通过社会生活的细微之处来体察司法制度，都是遇到事的时候才想起司法制度。但是人的法治意识不是遇到事的时候才形成的，这种意识是在学校、家庭、社会之中一点一滴形成的。

所以最好的社会政策才能孕育出最好的刑事政策。

时间管理

有不少人问我关于时间管理的问题。如何能兼顾工作、学习和生活？如何能写出那么多东西，到底是怎么管理时间的？

简单的一两句话是说不清的。

但是至少可以说五点。

1. 时间的分配体现了你的意愿

一件事你觉得应该做而做不到，不管你可以找到多少理由，我还是认为那可能是你的意愿不够强烈。

当你的意愿足够强烈的时候，你一定可以做到。

比如写作，对于绝大部分人来说，一个月或者一个星期还抽不出半天时间吗？我是不相信的，时间显然不是问题，意愿才是问题。

除了写作，阅读、运动、陪家人都是一样的道理。

2. 必须想好你到底想要什么

很多时候我们管理不好时间，就是因为我们什么都想要。我们经常是在犹豫之间把时间都浪费了。

但是时间是有限的，人生是有限的，尤其是进入职业生涯后半场以后，你会知道你能够作出的选择越来越少。

即使年轻的时候，选择的机会也没有那么多，与其彷徨不如提前确定方向。

有了比较明确的方向和目标，精力就会集中，才可能少做无用功，才可能把有限的时间用到你真正需要的地方。这个时候就你就会觉得比较出活儿，并且还能有自己的时间可以把握。

因此，时间不够用很多时候是分配得不够好，是在左右徘徊的时候虚度的光阴。

3. 生气也会耽误时间

管理时间还需要管理情绪。有时因为一点事生闷气，做事的时候也会想这件事，就会分心，就会出神，甚至一连好几天都不能集中精力。

好不容易稳定了，没过几天情绪又不好了，这个恶性的周期就会不断循环。

但是你也知道，生这些气是没有意义的，也解决不了问题，其实是在用别人的错误惩罚自己。

归根结底，还是你自己的问题，因为你情绪管理能力不够强大，不能尽快纾解负面情绪，不能跳开来看这个世界。将自己的意愿当作现实，不能理智地考虑问题，那就会永远被这些恼人的小事所牵绊。

这些都会成为你时间管理的绊脚石，再进一步，你连自己的情绪都管理不好，又怎么能管理好时间？

因为时间还需要情绪来管理呢，思绪都乱了又何谈管理？

4. 心流状态需要不断练习

只有进入心流状态才能实现效率的最大化，才能为自己赢得时间。包括写作这些复杂性的劳动也需要进入心流状态，才能实现真正创作。

心流状态需要非常稳定而且放松的情绪，需要极强的意志力，要求自己该做什么的时候可以马上投入进去。可以在不同的状态之间进行切换，就像开车换挡一样。

这是一种身心的适应性能力，是一种精神高度集中和稳定的能力，也是一种很高水平的情绪控制能力，是一种综合的心理素质。

这需要不断地磨炼，我个人的推荐就是比较规律的生活以及长跑习惯，这可以提高自控能力和意志力。

5. 可以将宏观的目标放入日常的细节当中

很多宏大的目标看起来都很好，但是就是迟迟不能落地，甚至不能着手实施。

我们总是会给自己找借口：还没准备好，再等等，等忙过这段再说，等过完年再说。

最后只有：再说吧。

这就导致没有开始，其实人永远没有完全准备好的时候。我们只是在不断逃避这个宏大目标的压力。

我们可以将非常宏大的目标设计为生活的细小目标，甚至日常工作节奏，化整为零。

这样目标就不会显得过于庞大，自己也不至于不敢接受挑战。

打散目标之后，就可以一步一个脚印，以日拱一卒的精神，做好当下就可以了。

最好的方法就是设立一个机制，让自己陷入自己的机制之中不得不完成，慢慢成为一种习惯。

当一个宏大的目标幻化成一种习惯之后，你的任务就变得简单多了，只要保持习惯就行了。

习惯持续的时间越长，其惯性也就会越强，这样推动起来的压力就显得没有那么大了。

只是长期地、持续地做一件事的时候，必须忍受长期的孤独感。

　　因为在达成细小目标的时候，也就是在量变的过程中，一般不会有特别明显的效果呈现。在只有付出没有激励的时候，我们可能反问自己，这样做是否值得？时间的付出有没有意义？

　　这个时候，问题就又会回到原点，那就是到底想好了没有，你确定知道自己想要什么吗？你能强迫自己做正确事情吗？

　　如此而已。

管理欲望

儿子幼儿园毕业的时候，老师的评价颇为独特，说这孩子没有欲望。即使很想玩某个玩具，他也不会说出来。

与充满欲望相比，更可怕的是没有欲望。

老师的分析是，可能是家长过度满足，在孩子没有强烈表示的时候，家里人就给准备好了。

我爱人也对我提出了严肃的批评：你看孩子稍微表现出对什么的兴趣，你的书就下单了。根本就不需要孩子主动要，你就送上门来了。

我说批评得对。

我原来写过一篇《认知契机》的文章，讨论如何引发孩子的认知兴趣的话题。当时孩子还没有上小学，现在我又有了一些体会。主要就是管理欲望。

幼儿园老师的意思不是孩子真的完全没有欲望，而是他懒得表达，因为获取太过容易，表达都成为一种负担了。后来知道，他是害怕老师成为欲望表达的障碍。

欲望是人的本能，是生命力的体现，只要人活着就会有欲望。最基本的是求生欲，其次是食欲，再次是精神方面的欲望，具体来说是马斯洛的需求理论。

由于早期对认知契机抓得比较紧，孩子的求知欲比较强。同时儿童阶段玩耍自然是最基本的欲望，玩耍也是求知和体验。尤其是孩子已经养成看书的兴趣之后，对他而言看他喜欢看的书与玩玩具是具有同样意义的娱乐。

尤其是他比较感兴趣的领域，比如恐龙、古动物、神话以及卡通人物等，当然一定是他当下最感兴趣的内容。

因此，孩子不是没有欲望，只要在一个宽松的环境下，并适当增加获取的难度，孩子就可以合理地表达他的欲望。

对获取难度的调节，对获取方式的设定，对欲望方向的引导就构成了对欲望的管理。运用得法，有利于孩子进取心的正向调动，养成良好的学习习惯和生活习惯，有利于健康人格的养成，但是如果过于功利也容易造成"鸡娃效应"。因此，我们尤其需要把握欲望管理的度。

有欲望，没问题，就怕没欲望。

孩子有点想法提出来，要鼓励，但是也要让他懂一个道理，不应该不劳而获。

应该通过努力获得，他才能更加珍惜，劳动的成果最香甜。

因此，我建立了一套积分制。最开始还是以货易货的简单方式，比如，完成作业可以看三集动画片，而且是指定的《西游记》《三国演义》之类。主要也是因为幼儿园也不开学，看这些动画片也起到了学习的作用。这实际上仍然属于以货易货型的交易。

后来快上学了，需要增加跳绳项目，这样直接交换就不方便了，我就建立积分制，每天跳 20 个绳可以获一个积分，完成作业获得一个积分。现在，他每天跳 500 个绳，一口气可以跳220 下。

然后给书和玩具定价，每一套书根据册数、大小、精美程度等确定一个积分，我和孩子共同商定好，玩具另有一套算法。

我会根据他最近听音频的兴趣点，适当提前买一些他感兴趣的书放在我的书架之下，不经意之间让他看见，往往还不刻意推销。他感兴趣的时候就会问我，爸爸这是几个积分？我就会告诉他。

他也会经常问我，他有几个积分，他做了什么能不能得一些积分。

根据实际情况，我也会适当给他积分，以体现鼓励，孩子一开始会急于兑换积分，但越到后来越愿意攒积分，换更大更好的书或玩具。某种意义上，也锻炼了他延迟满足的能力。

我爱人一直有一个疑问，那就是这样老是换积分是不是太功利了，是不是应该让他无条件地写作业，无条件地好好表现？

我说这样太理想化了，一般人活着都还是要点盼头和念想的，孩子这么小，学习这么苦，你再让他没有点期待，他如何能够愿意努力？

这提醒了我们一点，那就是并不是所有的项目都适合换算成积分的。一定是那些最需要鼓励，最难做到，往往也是我们最希望他做到的地方才应该进行积分换算，而且在分值的设定上一定要根据具体情形的需要有所区别。

上学之后，我们就不再将完成作业当作积分了，因为我爱人认为完成作业是理所当然的。

我把积分放在举手提问，得到老师表扬等难度更大的项目上，从而促进孩子更加积极地投入新的学习环境之中。

一个小小的意外，改变了我们的积分策略。

有一次孩子无意中提到，他在排队的时候，有个高个子男孩推他，有时还踩他鞋。我爱人听了以后很生气，一定要查出是谁，还想找老师和家长。我说别着急，丛林法则在哪都会发生，孩子都还小，哪个班级没有一两个调皮捣蛋的？没有反而不正常。而且我们也不可能保护孩子一辈子，你现在保护他一次，就能保护他永远不受欺负了吗？

我就跟孩子严肃地说，解决这个事有两种方法，一是你自己也要变强壮，这样别人就不敢轻易欺负你了，你就有反抗能力了。你看你现在长得这么小，还不好好吃饭，这样能长高吗？以后加强跳绳，周末爬山。后来还练跆拳道。二是，也可能更重要的一点是，你在班级里朋友比较少。如果你的朋友很多，别人也不敢轻易欺负你，因为欺负你就相当于得罪了一群人，所以以后你要学会多交朋友。以后交到一个朋友，我给你增加一个积分。还有，必要的时候，可以跟老师说，老师会管。

自从那之后，交朋友就成为孩子获取积分的最重要渠道，因为其他项目好像难度太大。

今天跟我说交了一个朋友，是做操认识的，后天跟我说又交了一个朋友，是在课间认识的。一开始连名字都不知道，我说连名字都不知道还能叫朋友吗？之后，确实都能够准确地报上名字了，但是交朋友的方式，怎么好像都非常雷同呢？

我爱人就笑我，说你儿子跟你糊弄积分呢。但是我并不戳穿，我还是选择相信他，而且你又怎么能确定他们不是朋友呢？

交的朋友达到十几二十个的时候，名字就有点重复了。我就设立了台账，避免重复，这样交朋友获得积分的难度好像也变大了。我儿子就问我，我们班就这么多人，我早晚有一天会没法交到新朋友啊，那时怎么获得积分呢？

我说你可以通过与朋友深度交流的方式，分享故事啊，帮助你的朋友啊，等等，这些加深友谊的行为也可以获得积分。过了一段时间以后，他说他们成立了一个恐龙小队，经常在一起讨论恐龙，因为他知道的恐龙知识比较多，就成为了一个小头目。

而且他看书听书比较多，还经常会编一些小故事、小笑话给女生讲，所以也有一些女生朋友。

后来我再问他那个男生还欺负他吗，他就说不欺负他了，而且那个高个男生被老师说过几次之后也慢慢变好了。

他现在的朋友已经比较多了，通过这个渠道再获得积分的可能也降低了。所以，他就慢慢地在找其他项目来加分，比如晨读的时候早早完成作业，认真做体操，认真做眼保健操，端正坐姿，等等。

他也不能天天拿做操站排认真来换积分，还是要拿出真东西来，所以我规定，以后每周这种理由只能使用一次。

大家可能以为我的手比较松，那是因为我们的积分主要是换书，换玩具的非常少。所以最终还是拿去学习了，只是因为这是他自己换的，所以一般都是他感兴趣的书，而且也是通过劳动换的，自然也就倍加珍惜。这些珍惜就换成更加认真地看书，所以都没有浪费。

为了换更多的书，他还要更加努力地学习、生活，这样孩子就可以进入良性循环的状态。这个状态是他自然而然选择的，而且他并不觉得很苦，因为读书也是他的一大乐趣。

经常看书的我是知道这种强烈的快感的，这是不愿意读书的人非常不能理解的，所以这一点我十分理解他。

这样他的欲望就被带动起来了，并成为一个循环。

即使非常爱读书的孩子也未必可以考高分，因为他现在研究的，很多跟考试都没有关系。

虽然这有教育制度的问题，但我们还是要充分尊重课业学习的严肃性，而且这对孩子自信心的养成也具有极为重要的意义。

因为分数也是一种量化的工具，它可以把同龄人分成三六九等，而且这种等次可能慢慢就成为内化优等生、中等生、差等生的标签，不仅别人承认，自己也会承认，这对孩子以后的学习和一生的发展都会有重大的影响。

所以既不能完全唯分数论，又不能完全不把分数当回事。

我们采取的方式主要还是鼓励，比如考一个 100 分就可以获得一个积分，在学习上得到老师的认可和表扬也可以获得一个积分。为此，他就不停地努力。

从一开始有时候打 60 分，到现在基本都在 90 分以上，有了很大的进步。

有一次拔牙的时候，他和护士聊天被我爱人无心听到了，他对自己的评价是成绩中等。

原来他还自称数一数二的人，现在由于成绩量化的效果，他已经对自己的认知回归理性了，也可能是自我定位在发生作用。

他知道还有好几个同学得到老师表扬比他多。他对数学还是有点信心的，但是对英语就没那么有信心，对语文也不是有十足的信心。

这可能是因为在幼儿园我们对英语抓得不是那么紧，最后半学期也没上的原因，以至于他上英语课的时候都听不太懂。

为此，我们给他报了一些英语口语的线上课，并承诺上完200节线上课，可以获得一个电动的恐龙乐高。这个确实起到了稳定积极性的作用，因为一开始他完全不能与外语老师对话，这个过程是十分尴尬和痛苦的，好在这十几堂课他终于挺过来了。

除了这些文化科目，我对体育也是十分重视的。我知道，体育除了强身健体之外，对于意志品质的锻炼也是极为有益的。而且对于男孩来说，他的精力确实需要找个合适的方式来发泄。从这个目的出发，我们报了跆拳道课，对于这种打打闹闹的课他本身也是很喜欢的。

另外就是每周的爬山，我们基本都在坚持，这也是我们共同的亲子活动，虽然他每次都不愿意爬，都要哭鼻子，但这的确也是磨炼的过程。

跳绳确实令我大伤脑筋。一方面学校很重视，还要考试，另一方面跳绳对孩子长身体也特别有好处，非常实用。但是我儿子协调能力不好，跳得特别费劲，一开始只能一个一个地跳，一分钟只能跳十几个。但是每分钟90个才及格，我都绝望了。好长时间之后才会连续跳两下，能连续跳三下的时候，我都激动坏了。

不过随着时间的推移，从夏天跳到冬天，他终于可以连续跳十几下了，这也算是一种巨大的进步——虽然距离及格还非常遥远。

入冬之后有一次爬山，我们到山下的时候有点毛毛雨，但也不想无功而返,而且孩子也想去玩一会儿,这样我们就往前走,以为雨一会儿就停了,因为天气预报显示没有雨。但是雨越下越大了,当时我们都爬到半山腰了,就只好找个亭子避雨,这个时候孩子就不打算爬了。正好我们带了跳绳,我说不爬山可以,那就跳绳吧,今天的运动量得完成。我主张跳 1000 下,因为我初步估算这个数量和爬到山顶的运动量差不多。而且不跳也冷啊,也怕冻感冒了。

我们就在那个亭子里跳起来了,跳得还可以,但还是磕磕绊绊,就是连续十几下的水平,都没跳到 100 下。这个时候避雨的人越来越多了,已经跳不开了。我提议往前走有一个小平台,那个地方人少。到了那里就开始跳,也不知道怎么的,我们到哪跳绳就引来不少小孩看热闹。我儿子在平台上跳,几度想放弃,我爱人唱红脸我唱白脸,我答应他,跳完不但不用爬山还额外给他 10 个积分,用以奖励他这么努力跳绳。

那天,他冒着小雨,在半山腰跳了 1000 下,结果从原来的一次只能连续跳十几个,一下子突破可以跳三十几下了。跳完之后信心大增,我鼓励他以后每个周末都跳 1000 下,每次给他 10 个积分。

如果他能够连续跳 90 下,或者每分钟 110 下(可以获得满分),就给他一个舒克贝塔的大玩具。因为这个阶段他喜欢听舒克贝塔的故事,也看了动画片,当然我也买了书——书自然是需要用积分换的。而且我还答应他,如果每分钟可以跳 150

下（体育可以加分），就可以额外获得 50 个积分。

因为据有些小学生说，得跳绳者得天下，跳绳不仅对体育成绩，尤其是对长身体有很大好处，也值得鼓励一下，尤其是他确实缺少体育天赋。

从这之后，他每天放学回家都要自己跳 200 下。经过不到一个月的时间，已经从每分钟跳 30 多下提高到每分钟 100 下了，已经及格了，只是距离 110 下还有点距离，所以礼物还没有得到，但是激励的效果已经开始显现了。而且他的自信心也得到了一定的增强。当然，这对于很多孩子来说都是稀松平常的事，但是对于并不擅长体育的他而言，这简直就是一个奇迹。

现在每次回家，他都会主动和我说在学校的表现，和幼儿园期间完全不说幼儿园情况判若两人。这也主要是为了通过对表现的确认从而获得积分，而且积分是实实在在可以换取书籍、玩具的东西，就相当于货币的作用，是能够满足欲望的货币。

由于能够换取的主要是书籍，所以这个欲望的满足既是猎奇、娱乐也是求知本身，这正是我们求之不得的东西，被他拼命地、努力地实现了。

他知不知道跳绳 1000 下到头来只能换书，看书其实也是学习？他当然知道，但是他仍然对即将换来的书流连忘返，甚至垂涎欲滴，因为他品尝过其中的乐趣，这是更早期的习惯养成。

由于他对恐龙等古动物的酷爱，对相关知识的累积已经达到了一定的程度，一般的书籍和少儿音频课程对他来说已经很不解渴了，而且他还经常挑里边的毛病。为了正本清源，为了让他系统地学习一下这方面的知识，我带他上了权威的中国大学的慕课，选修了南京大学的古生物学课，以及北京大学的物种演化课。当然了，这是作为奖励出现的，因为担心近视，现在视频已经实行管制了，看视频尤其是看跟恐龙有关的视频，那自然是一种非常有价值的奖励。

这是一种极为特别的欲望，是他自己选择的结果，也同样是因为选择所以才热爱。

如何将愿望转化为行动

很多人都有美好而宏大的愿景，但很少有人能够将其真正付诸行动。

有些年轻人立下宏图大志，却慢慢地老大徒伤悲。知道很多道理，但就是过不好这一生。

有些人新年伊始开始发愿，到了年底再给自己找些无法完成的理由，自我安慰，然后周而复始。

一日之计在于晨，一年之计在于春等这样的道理大家都懂，但很多人还是语言的巨人，行动的矮子。

对于愿望与行动之间的关系，我有一些自己的理解，在新年伊始的时候，与大家一起分享。

1. 开始是重要的，更重要的是每一个日常

我们制订一个计划的时候，往往会重点考虑周末，周末多

看点书，多写点东西……好像周末这两天的空余时间，是一片肥沃的土壤，特别能够出活儿。

其实往往大错特错，一到周末你反而会想，我一周这么辛苦，能不放松一下吗？我至少睡个懒觉吧。

更积极一点的会想，我要陪一下家人，我要兼顾学习、工作与生活。

这固然没错，结果任务也就必然地没有完成。

这里面的原因不是你有天然的惰性，每个人都有天然的惰性。而是你将任务分配得太不均匀，想靠突击的方式，往往难以长期维持。

除了周末的误区，还有假期误区以及其他的整块时间误区。凡是想把所有的任务都在短期内解决，或者突击解决的方案，都只能解决那些偶尔发生的突然事项。想长期维持这样的非正常状态，不仅身体吃不消，而且精神也受不了。

必须劳逸结合，要想有持续的输出，还要有不间断的输入。我虽然一直维持写作的习惯，但也要有喘息和充电的时间，也要有陪伴家人的时间，这样才有持续性。

一个长期的计划，必须有持续性的开展才能坚持下来。

那些看似宏大的计划，如果你把它细分成每一天的工作量，其实也并不多。比如我跟你说一年要写200篇文章你会觉得很可怕，但如果我告诉你我只是每周写四篇文章，具体来说只是，周二、周四、周六、周日写文章，每天只抽出一两个小时的时间，你就会感觉比较容易接受一些。

这个计划的重要性不是开始的决定，而是每一周，每一个撰稿日的刚性兑现。

这是需要一些毅力的，需要坚决的执行力。

对于这个计划，我不需要关注全年的任务，我只需要关注每一次任务能不能按时完成就行了，只要我们能够按时完成每一个细小的任务，那就能够自然而然地完成宏大的任务。

2. 将自律放入他律的机制之中

说是完成每一次小任务就行了，但是哪有那么容易。事实是每一次都想放弃，都会给自己找一百个合理的理由来放弃。

之所以最终没有放弃首先是因为比较自律。平时养成比较规律的习惯，对自己也能够承诺守信，自己决定的事情一定要完成。

从根源上来说，有不服输的欲望，有宏大的愿景，这些形成了一种巨大推动力。另一方面，就是平时养成的长跑习惯，从而磨炼了比较顽强的意志品质。

这些是对抗惰性的基本动力。

只有这些还不够，也就是仅有自律还是不够的。自律还有一种不稳定性，容易受到腐蚀和冲击，容易受到情绪影响，中短期是可以的，再长期就会动力匮乏。

我知道有很多人可以把自律逐渐培养成习惯，但是那往往是一些机械的，可重复的活动，还比较容易。

像写作这种需要调动全面资源的创造性活动，光靠自律是远远不够的。因为自律最大的问题就是缺少惩罚机制，也就是如果不能完成，除了内心的自责之外，并没有任何别的惩罚。内心的自责会随着没有完成的次数增加而很快衰减，毕竟是没有人监督的嘛。

因此，如果想维持长久的自律，还必须将自律放到他律之中来监督。

比如，开公众号就有利于稳定的产出，虽然公众号一开始只是一个个人行为。随着时间变长，关注的人变多，这个平台就会成为自己与他人交互的纽带。这时写作就不再是个人的事情了，也背负了他人的期待。

逐渐养成的定期更新的习惯，就会成为关注者的一种预期，如果不能完成就是违背了这种预期，就会让人失望，甚至担心，这就构成了一种捆绑效应。

从文章的质量看，如果过于敷衍了事，是一眼就能够看出来的，也会遭到无情的批评。所以不仅要写，还要好好写，要不断满足关注者不断提高的心理预期。这就对创造质量带来了压力。

当然，如果写得好，也会立竿见影地得到鼓励和传播，这个激励也是立竿见影的。

这种互动和纽带关系，就构成了一种他律作用，让自律不仅仅是自律，还演变为一种责任和不能辜负的期待。

这种被需要感也是一种巨大的动力。

3. 长期主义是对未来的巨大想象

记得在小学的时候，我们做过一个智力测验，其他的结论都忘了，就记住一个结论，说我的想象力特别丰富。

对这事我一直信以为真。

如果一个什么样的想法，或者梦想，我往往会把它想象得比较真切。当然这与后来看书看得多也有关系。

直到看到一些心理学的书我才知道，延迟满足与想象力有巨大的关系。

正因为我对未来有着巨大愿景，而且想象得特别真切，所以即使非常长远，我也不会觉得特别虚无缥缈。我会觉得即使长期的付出也是特别值得的。

这也构成了长期主义的基础，我并非天生耐得住寂寞，只是我对未来的真切想象冲淡了现实的暂时不如意，弥补了短期内并无任何收获的缺憾，我不会特别急于在短期内见到成果。

因为我也知道，任何伟大的成就都必须经过一番艰苦卓绝的努力，这是历史和前人的传记中反复验证的事实，这就是人生和历史的基本规律。我看书看得越多也就越是相信这个规律。

重要的是，我可以看到在这个长期主义过程中的小趋势，那就是那些体现趋势的趋势，推动变化的变化，它们与我真切细微的想象能够吻合，能够不断验证前进道路的正确性，并可以为终极想象的虚构图景添砖加瓦。

正因此，我认为想象力对于长期主义者而言是一种必备的能力素质。你并不是笼统地想象一个大致的理想的轮廓，你是对这个理想的最终目标有非常切实的、具体的期待，虽然这个期待与真正的未来一定是有差距的，但是这些虚构的图景有着内在的合理性，是合乎逻辑的一套体系。

你实际上就是为这个理想体系而奋斗，这个体系的逻辑构成了你奋斗的意志，这个体系的丰富性构成了你奋斗的乐趣。

这个理想体系就是对未来的期待，或者说是你理想的世界，你的目标达成过程就是你参与未来建设的过程。

就像"乐高"积木一样，你有一张很具体的图纸，你通过看图对这个积木的最终形态进行三维建模，再根据你手头的材料，设想了基本建筑结构和搭建路径，再将这个整体的三维结构拆分为一些大的部件，把这些部件逐个拼装完成，再进行整体的组装，最后形成一个成品。

这个过程也是对理想的想象和拆分过程，那就是将无限转化为有限，将抽象转化为具体，将宏大拆分为细小，将自律融入他律，将愿望转化为行动的过程。

这就是关于理想的工程学吧。

我们能从古腾堡身上学到什么

古腾堡在后世得到的评价很高,在很多排行榜都位居前列,甚至首位。

确实,他发明了金属活字印刷之后,西方才出现了知识爆炸,因而引发了科学革命,宗教改革,启蒙运动,才开启了现代文明。

我们往往是不服气的,因为我们的活字印刷术明明早了四百年,为什么我们没有成呢?原因很复杂,因为我们的字多,因为我们有对雕版的依赖,因为我们八股取士,不鼓励知识创新,等等,很难说清楚。

在古腾堡发明印刷术之前,欧洲的识字率要远远低于中国,所以在文化氛围上是远远落后的。

中世纪的书籍都是写在羊皮纸上的手抄本,成本极为昂贵,不要说普通老百姓没有书,就连很多富家大户也没有几本。

最初古腾堡发明印刷术的动机,也不是为了弘扬文化,而是为了赚钱。因为他之前的一些朝圣镜项目失败了,他急于翻身。

他的父亲是金匠，所以他从小就懂得金匠的手艺，他甚至干过打磨珠宝的工作。古腾堡绝不是博学大儒，他并不是想传播知识的力量，他只是结合了自己的特长，将金属工艺、机器设计、审美趣味和商业嗅觉相结合。

他原来做的朝圣镜也就是想抓住朝圣这种宗教热情的刚需，为工艺品打开销路，但是没有成功，发明印刷只是一计不成又生一计。

当时的手抄本也相当于奢侈品，其价格要远高于普通的工艺品，甚至高于珠宝首饰，只是生产效率太低。

如果能够通过改进制作工艺的方式提高手抄本的复制效率，那就相当于可以批量制作奢侈品，那就是一笔大生意。

当时，市面上也已经有了一些单页的版画类印刷品，这也许给了古腾堡一些启发。

结合自己的特质，如果作出一个一个字丁，将它们拼在一起，那就可以重复利用，从而印刷更多的文字了。这就相当于制作复印的手抄本，用机器来完成手抄的工作，显然效率要高得多。这样就可以有一个价格的优势，也就带来了商业的优势。

根据当时的氛围，如果印刷《圣经》，那一定是有人买的，因为《圣经》是刚需。

问题是《圣经》非常厚重，需要大量的字符，不要看拉丁文的字母少，但是至少还有大写小写之分，还有罗马数字，另外字符也有大有小，字体也会有不同变化，从而区分不同的内容。

这些字体的变化原来都是手抄本为了美观而形成的，而第一批印刷书籍必须对标手抄本才会有人认可，所以也必须适应这样的书写模式。

书写，一个人有相对固定的笔体，因此可以保持相对稳定的字符样态。但是如果手工刻字丁，就容易带来差异，就导致这个 a 和那个 a 不一样，会非常混乱，而且效率也很低。

因为同样一个字体的字丁，可不是需要一套两套，而是需要几十套，上百套。你就想象一下一个页面得有多少个 a 吧。要想保持这么多个 a 都一样，通过刻制的方式，何其难也！而且刻到什么时候才能刻出一部《圣经》？如果用这个刻法，好像就不如雕版好用了。如果在这个地方打住了，那活字印刷术就死了，就退回雕版印刷术了。那就不会有后来的现代文明。

所以活字印刷术，重点是个活字。活字的重点是可以批量制造活字，就是必须能够量产活字。而量产活字，就不能用刻制，而应该用铸造的方式，这就是金匠的本事。先刻制一套标准版的活字，然后作为母体，制造字模，通过字模来批量地铸造字丁，保持字丁上字体的一致，实现活字的量产。

为了确保字体的美观，他还专门请来了优秀的手抄工彼得·舍弗来帮助其设计字体，从而实现与手抄本的以假乱真，这样才能满足最初的用户需求。

最初的用户需求就是印不印刷我不管，我要保证这个书与手抄本长得像，这样才能让别人高看一眼，这就是与现实接轨。

除了活字量产，还要保证活字的耐用性，防磨损，同时又易于铸造，这就涉及了复杂的合金工艺，需要很多次的试验，这正是古腾堡的所长。

除了合金，后来还有油墨的设计，排版的设计，印刷机的设计，压印工艺的流程，这一切使印刷变得越来越平顺流畅。当然这所有的设计方式，只是保证印出来与手抄本很像，其他所有的工程逻辑都是与手抄本不一样的。它是一个标准化的过程，也只有标准化，才会实现批量化，只有批量化成本才能降低，古腾堡才能获得真正的收益。

所以古腾堡的核心创意就是将非标准化的东西标准化，实现量产。这与目前的知识付费平台，公众号，以及各种的 App 是一样的，都是将不可能实现的标准做到标准化。

当然，印刷术保留了最核心的非标准化，那就是书籍的内容。在如此严格的印刷流程的背后，创作可以实现自由，但印刷出来都是一样的，印刷质量是一样的。

这是与手抄本完全不同的，因为手抄本是非标准品，虽然好看，但是会存在质量问题。每一本都不一样，都难免人为的失误，而这些失误会被继续累积，直到影响书籍内容的稳定性。

印刷术通过标准化的工作流程，实现了输出稳定，再版时还可以勘误，从而不断累积正确性。地图就是最典型的例子，通过对空白地带的不断填写，对以往错误的不断更正，就可以将知识和经验累积起来。

不仅是知识的累积，也是对创作的激励，只要有需求就有供给，而供给的不断增加，就会促进印刷术的发展，扩大生产，刺激消费，扩大市场，实际上就是扩大识字范围。印刷商是为了促进书籍的销售，实际上也提高了识字率，而识字率的增加也会刺激需求，需求和供给的增加又会倒逼印刷术不断改进工艺、提高效率，从而不断降低成本，实现知识进一步的扩张和普及。

这些知识的普及和知识产品的增加，就是思想启蒙和科学碰撞的过程，进而孕育了现代文明。这是古腾堡当初未必想得到的。

事实上，古腾堡当初并没有赚到什么钱，因为作为活字印刷术起点的《圣经》太厚了，起点太高了，投入太大了，导致古腾堡在自己印刷作坊中的出局。但是他发明的印刷术是赚到钱了，而且利润非常丰厚，这也是印刷术能够普及的动力。

古腾堡的发明没有直接造福于自己，却造福了人类。他能够打开这个局面，设计完这么一个庞大的体系就是一件了不起的成就。

古腾堡身上有很多优点，尤其值得学习的有三个方面：

1. 系统化的思维

建构完成了可以操作的制度和体系，并且能够在现有的工具箱中找到工具解决未知的问题。我们总是会遇到难题，但不可能有那么多新本领，只要我们把老的本领练好了，通过创造性的应用，也一样可以解决新的问题。

2. 模式化的优势

也就是批量化解决问题的思维，这是一种工业化的思维，并在信息化时代仍然发挥作用，在未来还会发挥作用。也就是制度化的优势，可以实现指数级的增长。目前的平台经济发挥的就是这个优势。

这种模式优势不是不要个性化，不是不要内容的创新，而是将最好的东西普遍性地推广，从而提升创造性劳动的收益。一方面可以让智慧变得更值钱，更加受到尊重；另一方面，让智慧的获得更廉价，让我们更容易分享到智慧和经验，让我们的知识获取方式更便捷、手段更丰富。

3. 整合能力

每个人的能力都是有限的，古腾堡也一样，当时他无非是

个创业失败者。但是他没有服输，他将自身的能力和仅有的资源优势做了最大的整合，整合身边人、投资者、手抄工，然后为我所用。还有他自身的能力，都没有浪费，都得到了有价值的使用。

在这个飞速变化的时代，我们每个人都可以是那个失意的古腾堡，只要我们充分把握好自身的优势，抓住未来的契机，整合好身边的资源，把握住那些自己能够把握住的东西，就有可能实现自我的突破。

后记

　　司法的趋势是细小的鼓励和尝试堆积而成的，它也隐藏在每一束期待的目光之中。

　　没有什么事是自然而然实现的。当你看到一座山，只有爬上去才能看得更远。当然，你看见的可能只是另一座山，当你爬过一座座山，你才能看到大海，并在这山海之间，描绘山河的轮廓，体会大地的趋势。

　　观察司法趋势需要一种大局观，需要你用更高的视角俯瞰整片司法大地，想象司法地平线的尽头，探查司法隧道的微光，需要你对微小变化的洞察力。

　　你需要跳出自身的处境和格局，你需要摆脱周遭的视野，你需要抬起头来眺望远方。如果你在高速行驶，安全的方式一定是眺望远方，给自己的判断以足够的缓冲时间，并能够提前调整方向。

　　司法与社会一样都在高速发展，需要我们眺望远方，才不至于临时遇险而手足无措。凡事预则立，不预则废。司法的趋势不仅需要我们的参与，也需要我们能够及时顺应，唯有如此才能乘风破浪，行稳致远。

本书的创作一如既往地得到了家人和朋友的默默支持，公众号"刘哲说法"的读者也给我很多的鼓励和反馈，从他们的留言中我也体会着司法的趋势。

我还要感谢清华大学出版社刘晶编辑以及其他工作人员的持续付出，他们出版的系列书籍也在为司法的趋势推波助澜！

2021 年 4 月 6 日于西直门